Beltz & Gelberg Taschenbuch 644

Karlijn Stoffels, geboren 1947, studierte Romanistik und Niederländisch. Sie verfasste Hörspiele und Theaterstücke und schrieb u. a. über Simone de Beauvoir und Jean-Paul Sartre. Bei Beltz & Gelberg veröffentlichte sie bereits die Romane *Mojsche und Rejsele* (TB 846), *Stiefland* (TB 870) und *Khalid* (TB 556).

Karlijn Stoffels

RATTENFÄNGER

Roman

Aus dem Niederländischen
von Mirjam Pressler

BELTZ
& Gelberg

www.beltz.de
Beltz & Gelberg Taschenbuch 644

Die niederländische Originalausgabe erschien 2000
u.d.T. *Rattenvanger* bei Em. Querido's Uitgeverij, Amsterdam

Aus dem Niederländischen von Mirjam Pressler
Neue Rechtschreibung
Einbandgestaltung: rgb, Hamburg
unter Verwendung eines Fotos von Dave Nagel / Getty Images
Gesamtherstellung: Druckhaus Beltz, Hemsbach
Printed in Germany
ISBN 3 407 78644 1
1 2 3 4 5 08 07 06 05 04

1

Sie stehen alle vor dem schwarzen Brett, das aus irgendeiner grauen Vorzeit stammt. Die Halle riecht nach Bohnerwachs und durch die staubigen Bleiglasscheiben tropft gefärbtes Licht auf die Steinplatten. Sie nennen das hier eine Schule, aber es ist eher ein Unterrichtsmuseum.

Wenn ich die Menschenmenge sehe, setze ich sofort keinen Fuß mehr vor den anderen. Menschen sind wie Schlangen. Wenn man einer in den Weg kommt, schießt sie sofort weg, aber du darfst ja nicht in ein Nest von Nattern treten.

Zum Glück entdecke ich zwischen den Mützen, Pferdeschwänzen und Stachelhaaren den glänzenden Hinterkopf von Silvester, Spitzname »der Krumme«. Die Knochen seines Schädels bilden Profile unter seiner Haut und daran erkenne ich ihn. Sein Schädel ist wie ein Autokennzeichen.

Ich weiß nicht, warum all diese Jungen einen kahlen Kopf haben. Sie sehen aus wie eine Schafherde, die geradewegs vom Scheren kommt. Ich habe nichts gegen schwarze Schafe, aber Herden können mir gestohlen bleiben.

Der Krumme ist erst seit einem Jahr hier. Er ist direkt aus Surinam hergeflogen, um in unsere Schule zu gehen. Das finde ich nicht sehr vernünftig von ihm. Die Schulen dort können kaum primitiver sein als hier.

Er hat allerdings seine Eltern dort gelassen und das ist natürlich schlau. Sofort am ersten Tag hat er sich mit Hakim angefreundet und das war mehr als schlau, das war ein strategischer Treffer. Hakim ist der unangefochtene Führer der neunten Jahrgangsstufe.

Er und Hakim sind in Ordnung. Ich nehme mich zusammen und gehe auf sie zu. Sie stehen neben Marie-Louise und einer Chaoten-Truppe aus der 9b. Zwei der Jungen biegen sich vor Lachen.

Als ich mich zu ihnen stelle, geht Marie-Louise langsam weg. Ich nehme es ihr nicht übel. Ich würde auch am liebsten weggehen, wenn ich mich auftauchen sehe.

»Da ist ja Lori«, sagt Hakim herzlich.

Ich schlage ihm auf die Schulter. »Käpten Haak.« Silvester bekommt einen Schubser. Dann müssen mich die anderen wohl oder übel auch begrüßen. Hakim und Silvester sitzen ganz oben auf dem Mast und ich schwimme in ihrem Kielwasser mit.

Ich werfe einen Blick auf das schwarze Brett. »Haben wir eine Freistunde?«

»Im Gegenteil«, sagt der Krumme. »Wir bekommen Zusatzstunden.« Er deutet auf den Zettel.

MUSIKPRODUKTION FÜR DAS JUBILÄUMSFEST
Gesucht werden noch: Klavierspieler, Schlagzeuger, Flötenspieler
Proben montags und donnerstags

»Was ist daran so witzig?«, frage ich.

»Bob hat gesagt, dass er gern auf seiner Flöte spielt«, sagt Silvester langsam. »Und dann hat Rik gesagt: ›Du meinst wohl, dass du gern an deiner Flöte ziehst.‹«

»Ziehen tut man an einem Akkordeon«, sage ich herablassend. »Darum heißt das Ding ja auch Ziehharmonika.«

»Bob ist auch gut im Sackziehen«, sagt Rik. Wieder biegen sie sich vor Lachen.

Wir gehen weiter. Ich rolle meine Jacke zusammen, um sie in den Schrank zu legen. Die Tür hängt schief in den Scharnieren.

»Willkommen in meinem Fach«, sagt Hakim gastfreundlich.

Ich versetze der verbeulten Tür einen Tritt. »Bald werden wir auch noch weggespart.«

Hakim stopft meine Jacke zu seinen Sachen. Er hat sogar einen Reserveschlüssel für mich. »Der Jugend gehört die Zukunft«, sagt er fröhlich.

»Ich hätte lieber ein bisschen Gegenwart.«

»In Surinam ...«, fängt Silvester an.

Hakim stopft ihm den Mund. »In Surinam gibt es keine Fächer. Ihr habt doch nichts zum Reintun.«

Silvester packt zornig seine Jacke weg. Ihre Streitereien beginnen immer auf diese Art.

Ich tippe Silvester an die Schulter. »Dort bei euch braucht man doch gar keine Jacken anzuziehen, wenn man in die Schule geht, oder?« Silvester schüttelt wehmütig den Kopf. Die Gefahr ist vorbei.

Wir schlendern zu unserem Klassenzimmer.

»Die Musikproduktion, Lori ...«, fängt Hakim zögernd an.

»Ja?«

»Du spielst Klavier. Der Krumme und ich sind Schlagzeuger. Wir melden uns.«

»Ich spiele nicht mehr Klavier.« Das ist nur eine halbe Lüge. Gestern habe ich das Taxi mit Frau Schreiner wegfahren sehen. Gott segne alte Schwestern in Australien: Ich bin frei. Klavierstunden ist eines, aber eine Klavierlehrerin, die im Stockwerk unter dir wohnt und horcht, ob du auch täglich deine Fingerübungen machst, ist eine ganz andere Geschichte.

»Vergiss ja nicht, deinem Vater Bescheid zu sagen, dass ich nicht da bin«, hat sie mindestens zehnmal gesagt. In der letzten Zeit hat sie angefangen, alles zu wiederholen, wie eine alte Frau. Sie kann ein Jahr Ferien gut brauchen. Und ich auch.

Ich erzähle Tim nichts. Wenn er hört, dass sie weg ist, sucht er einen neuen Lehrer für mich. Und das will ich nicht. Ich habe das Klavier mit einem lauten Knall zugeschlagen.

»Klavier spielen verlernt man nicht«, sagt Hakim. »Genau wie Radfahren.«

»Nie im Leben gehe ich zu diesem Scheißorchester«, sage ich. »Wenn ich Typen vom humanistischen Gymnasium sehen will, nehme ich Griechisch und Latein als Wahlfächer.«

Eigentlich wäre ich gern ins Gymnasium gegangen. Tim hat das auch gewollt. Aber damals war ich nicht gut drauf und ich habe die Aufnahmeprüfung vermasselt. Deshalb stinken mir diese Typen mit ihrem Getue. Das ist ein hässlicher Zug an mir, aber kein Mensch ist vollkommen.

Diese toten Sprachen sind mir egal. Ich sehe keinen Sinn darin, mit ausgestorbenen Völkern sprechen zu lernen.

An der Tür des Klassenzimmers bleiben wir stehen. Hakim schaut mich hoffnungsvoll an. Ich muss mir eine andere Ausrede ausdenken.

»Der Dirigent des Schulorchesters ist ein Mistkerl.«

»Die haben einen neuen«, sagt Silvester.

»Und wir sind bei dir«, sagt Hakim feurig. »Wir halten dir die Hand.«

»Wenn du ihre linke Hand hältst und ich ihre rechte«, sagt Silvester mit gerunzelter Stirn, »womit soll sie dann Klavier spielen?«

»Ganz einfach, mit den Füßen.«

»Seit wann spielst du Schlagzeug?«, frage ich Hakim.

»Ich hatte schon eine kleine Trommel, als ich vier war. Meiner Mutter hat das gefallen.«

»Ich habe in einer Band gespielt«, sagt Silvester. »Daheim, in Surinam. Die *Parboboys*.«

»Wir sind nicht so wild aufeinander, außerschulische Aktivitäten und ich«, sage ich zu Hakim.

»Aber wir sind wild nach dir, genügt das nicht?«

»Rede du für dich selbst«, murmelt Silvester.

Wir beginnen den Tag mit einer Freiarbeitsstunde. Die benutzen wir immer zum Ausschlafen.

Aber nun grüble ich über die Musikproduktion nach.

Sie wissen nicht, was für ein Opfer sie von mir verlangen.

In der Orientierungsstufe bin ich zum Volleyball gegangen. Pa fand, dass ich irgendeinen Sport treiben soll.

»Mit deiner Länge wächst du sonst noch schief«, sagte er. »Schau dir doch ...« Er meinte, ich solle Ma anschauen, aber er spricht ihren Namen nie aus. Meist sagt er »Stadionweg«. Weil Ma und ich dort wohnen. »Wie geht es ... eh ... im Stadionweg?«, fragt er dann.

Er sprach seinen Satz nicht fertig. »Du findest Freunde, wenn du Sport treibst«, sagte er nur noch.

Freunde, ha-ha. Sie losten jede Woche um mich. Der Verlierer musste mich in seine Mannschaft nehmen, als Strafe.

Wenn ein Ball auf mich zukam, sprang ich zur Seite und hielt mir die Hände um den Kopf. Darin wurde ich sehr geschickt. Aber manchmal schob ich meine Angst zur Seite und ging plötzlich auf den Ball los. Dann stieß ich mit dem Kopf gegen den Kopf eines Mitspielers, der nicht mehr mit mir gerechnet hatte. Zum Glück verstauchte ich mir nach ein paar Wochen mein Handgelenk bei der Aufgabe. Danach brauchte ich nicht mehr hin.

»Ich will zum Ballett, Tim«, sagte ich zu Pa. Wir waren zusammen im Theater gewesen. Es hatte berühmte Szenen gegeben, wie den Sterbenden Schwan und irgendwas mit einem Nussknacker. Ich fand die hohen Sprünge und das Hochheben toll. Das war was für mich, ein Sport ohne Tore und vor allem ohne Ball.

Ein Jahr später war ich beim Ballett. Viele Schülerinnen des Gymnasiums waren da, aber darüber schaute ich hinweg. Ich hatte etwas anderes im Kopf.

Ich hatte zum ersten Mal meine Periode bekommen. Nicht jede Veränderung ist ein Gewinn, fand ich, aber meine Meinung war nicht gefragt.

Die unbestellte Blutung kam regelmäßig, alle drei Wochen. Ich kaufte mir eine Packung Tampons mit einer Hülle zum Einführen. Das wurde besonders für Anfängerinnen empfohlen. Es war ein bisschen wie eine Rakete abschießen, der Abschuss missglückte total.

Ich wechselte zu dem äußerlichen Modell. Doch da musste ich jede Stunde zum Klo, um nachzuschauen, ob alles noch gut saß. In Leggings wagte ich mich nicht zu zeigen. Wie machten das bloß die anderen?

Ich wusste nicht, wen ich fragen konnte. Wenn ich allein an der Stange stand, spähte ich immer in den Spiegel, um zu kontrollieren, ob man nichts sah.

»Was guckst du denn die ganze Zeit?«, fragte mich das Mädchen, das neben mir stand.

»Nichts«, sagte ich erleichtert.

Aber man konnte auch noch danach riechen. Die Ballettlehrerin fragte laut, warum ich bei jedem Spagat immer meine Nase in meinen Schritt schob.

Ich begriff, dass aus diesem blutenden Entchen niemals ein sterbender Schwan werden würde.

Tim war enttäuscht. »Du hältst nichts durch«, sagte er. »So viel vergeudete Talente, du bist genau wie ...«

Es war nicht viel Talent nötig, um zu wissen, was er hinunterschluckte. Du bist genau wie der Stadionweg, hatte er sagen wollen.

Und jetzt ist es Zeit für die dritte Runde. Eine Musikproduktion, hurra! Wo ich doch gerade meine Klavierstunden los bin. Als die Freiarbeit vorbei ist, bin ich kaum vorangekommen.

In der zweiten Stunde haben wir eine Matheprobe. Silvester und ich sind gleichzeitig fertig. Wir dürfen zur Kantine. Manchmal hat es Vorteile, brillant zu sein.

»Warum möchte Hakim so gern ins Orchester?«, frage ich Silvester, als wir vor dem Automaten stehen.

»Benutz doch dein Gehirn, Lori.«

»Ich denke nicht daran, wir sind doch nicht im Unterricht.«

Er seufzt verärgert und knallt seinen Becher auf den Tisch. Der Kakao schwappt über.

»Ich habe Hakim nie bei besonderen musikalischen Interessen erwischt«, sage ich.

»Das ist gelogen«, sagt Silvester, für seine Verhältnisse ziemlich scharf. »Er hat dich im letzten Jahr gefragt, ob er zu dir kommen darf und zuhören. Es hat ihm sehr Leid getan, dass du das nicht wolltest.«

»Er hat nichts versäumt.«

»Du weißt genau, dass er in dich verliebt ist.«

Ich schaue mich um. Vielleicht hat Silvester ein Gespräch mit jemand anderem angefangen, ohne dass ich es gemerkt habe. Niemand steht hinter mir.

Ich mache den Mund auf, um spöttisch zu lachen. In mich

verliebt sich doch niemand. Und ganz bestimmt nicht so ein Erfolgstyp wie Hakim. Die halbe Schule läuft ihm nach. Drei viertel, wenn man die Jungen mitzählt. Aber Silvester schiebt den Unterkiefer vor, wie immer, wenn er es ernst meint.

Ich hüstele mein Hohngelächter weg. Es ist nicht nett, sich über einen Freund lustig zu machen.

»Deshalb will er bei der Musikproduktion mitmachen. Zweimal die Woche einen ganzen Nachmittag zusammen mit dir proben! Das ist eine günstige Gelegenheit.«

»Der Himmel auf Erden.« Ich kann es nicht lassen.

»Das ist kein Spaß«, sagt Silvester streng. »Du fährst nach der Schule immer sofort weg. Wir wissen nicht mal, wo du wohnst.«

»Ich werde euch meine Visitenkarte geben«, sage ich.

Silvester dreht sich um und geht weg.

Er ist sauer auf mich, aber das kommt mir gerade recht. Ich muss wieder nachdenken. Ich bin nie auf die Idee gekommen, dass es sie nach der Schulzeit noch gibt. Dass sie nach Hause gehen oder zu Freunden oder zu einem Sportverein.

Immer wenn ich vom Pausenhof fahre, ist die Schule vorbei und das Kapitel »Zu Hause« beginnt. Und an den Weg dazwischen erinnere ich mich nicht. Jetzt weiß ich es. Wie merkwürdig es auch ist, nach der Schule leben sie ganz normal weiter.

In der Mittagspause gehe ich mit Hakim hinaus, wie sonst auch. Wir laufen die Gracht entlang zum Bäcker an der Ecke. Dort ist es ruhig. Die meisten Schüler gehen zur Snackbar oder zur Hamburgerbude auf dem Platz. Hakim hält sich an die Vorschriften.

»Vier rituell geschlachtete Rosinenbrötchen«, sagt er zu dem Mädchen hinter der Theke. Er bekommt fünf und einen schwärmerischen Blick. Wir gehen zum Essen ans Wasser. Bis dahin ist alles wie sonst auch. Aber der Rest ist anders.

»Du hast mit dem Krummen über mich gesprochen«, sagt er. Seine Stimme schlägt ein bisschen um.

Ich nicke.

»Du bist nicht in mich verliebt.«

Ich schüttle den Kopf. Er schaut nicht zur Seite, aber das ist nicht nötig, er weiß es auch so.

»Du lachst mich also aus.«

Ich beiße mir auf die Lippe, um ein kleines Kichern zu unterdrücken. Warum will eigentlich niemand, dass ich lache? Lachen ist so gesund.

Ich möchte ihm gern erklären, warum ich ihn nicht mit nach Hause nehmen kann, aber das lasse ich lieber bleiben. Zeige deinen Mitschülern nie deine schwache Stelle. Wenn es ihnen passt, benutzen sie es gegen dich.

In meiner früheren Schule haben sie keine Gelegenheit ausgelassen. Wenn ich eine gute Note bekommen habe. Wenn der Lehrer mir die Hauptrolle im Theaterstück gab. Wenn Tim mir ein schönes Kleid geschickt hat. Dann fing das Geflüster und Gemauschel an. Sie stachelten sich gegenseitig zu Heldenmut an, bis einer von ihnen vorsprang und mir den Weg versperrte.

»Du darfst beim Theaterstück überhaupt nicht mitmachen. Deine Mutter ist verrückt und du bist auch verrückt.«

Dagegen war nicht viel einzuwenden.

Als sie damit anfingen, war ich ungefähr zehn. Damals war ich noch stark und gelenkig und gut im Sport. Außerdem las ich Ritterromane. Wenn sie mir in die Quere kamen, schlug ich los. Angeregt von Lancelot, König Artus und den Gralsrittern, mähte ich meine Gegner nieder.

Ich hatte sie fast geschafft, doch da schlug ich den größten Mistkerl mit dem Kopf gegen die Schulmauer. Der Rest der Gruppe stellte sich schweigend um uns. Der Junge machte ein blutverschmiertes Auge auf und sagte eisig: »Hab ich es nicht gesagt? Sie ist verrückt.«

Ich war in die Falle gelaufen. Je mehr ich wollte, dass sie mich nicht seltsam fanden, umso seltsamer verhielt ich mich.

Lancelot und König Artus hatten es einfach, im Vergleich zu mir.

Ich las keine Ritterromane mehr.

Nur ein Mädchen aus meiner Klasse ging zur gleichen weiterführenden Schule wie ich, Marie-Louise. Zum Glück landete sie in einer anderen Klasse. Die Chance, dass sie meine Geheimnisse verrät, ist gering, denn sie sagt nie was. Wenn man sie nur anschaut, wird sie feuerrot.

Deshalb will ich Hakim auch nichts über zu Hause erzählen. Damit würde ich glatt ein Eigentor schießen. Aber wenn ich es mir überlege – was spielt es eigentlich für eine Rolle?

Ein kleines Geständnis zur rechten Zeit kann vielleicht nicht schaden.

»Du konntest nicht mit zu mir nach Hause, um mich Klavier spielen zu hören«, sage ich.

»Das macht nichts.«

»Meine Mutter ist nämlich krank.«

»Und deshalb spielst du nicht mehr Klavier«, sagt er mitfühlend.

»Nicht diese Art Krankheit. Sie ist seltsam. Deshalb nehme ich niemanden mit nach Hause.«

Er schaut mich mit einem schiefen Lächeln an. »Dein Vater in einem Kleid, das wäre seltsam.«

Gierig wechsle ich das Thema. »Das ist doch hip, Mann. All die Jungen laufen in Kleidern rum. Mit einem Ring im Ohr, dem Telefon am anderen, einem bodenlangen Rock, das ist Trend.«

»Mein Vater will bestimmt keinen Ring im Ohr«, sagt Hakim nachdenklich. Aber er sieht schon etwas fröhlicher aus.

»Ich mache mit bei der Musikproduktion«, sage ich. »Dann kannst du mich Klavier spielen hören.«

Als ich sein strahlendes Gesicht sehe, tut mir meine gute Tat kein bisschen Leid. Das ist schöner, als alten Frauen über die Straße zu helfen.

2

Es gibt Tage, da läuft alles glatt. Heute ist nicht so ein Tag. Tim und ich haben uns für acht Uhr verabredet, in der Ankunftshalle. Wir wollen zusammen frühstücken. Um zehn muss er erst wieder einchecken.

Sein Flug hat Verspätung. Um neun denke ich darüber nach, mir selbst ein Frühstück zu bestellen, aber das ist mir zuwider. Einladen ist das Vorrecht von Vätern und es ist nicht schön für sie, wenn man ihnen das abnimmt.

Um halb zehn kommt er an. Ruhig und würdevoll in seinem hübschen Anzug, die Haare glatt gekämmt, die Aktentasche in der einen Hand und einen knitterfreien Regenmantel über dem Arm.

Man sieht ihm nicht an, dass er die ganze Nacht geflogen ist. Wenn ich eine Viertelstunde in der Straßenbahn sitze, bin ich schon zerknittert.

Ich stehe von meinem festen Platz an der Kaffeebar auf und renne ihm entgegen. Er mag das nicht, wenn ich überschwänglich bin, aber ich muss mal meine Beine bewegen. Ich habe so lange dagesessen und gewartet. Ich gebe ihm einen Kuss. Einen, das findet er ausreichend.

Ich sehe, dass er nichts unter dem Arm trägt. Er bringt immer etwas für mich mit, egal ob es ein kleines oder großes Geschenk ist. Offenbar ist es diesmal klein.

Wir gehen ruhig und nicht überschwänglich zu unserem Tisch.

Unterschwänglich, denke ich immer, wenn ich ihn sehe, pass auf, Lori, unterschwänglich, das mag er. Unterschwänglich und doch fröhlich.

Wir haben nur noch eine halbe Stunde Zeit. Er bestellt Kaffee, Cola und Croissants.

Seine Haare werden ein bisschen grau, silbrig und vornehm grau. Die Farbe passt gut zu seinen blauen Augen. Er sieht immer mehr wie ein alternder Filmstar aus. Wenn wir noch einen Fernseher hätten, würde ich jeden Abend alte Filme anschauen.

Er setzt sich mir gegenüber und betrachtet mich. Ich warte.

»Ist das eine neue Hose?«

Ich nicke und nehme einen Schluck von meiner Cola. Nun wird er weiterfragen, wie es mit dem Stadionweg geht, und dann sage ich, dass wir es sehr gemütlich haben, der Stadionweg und ich.

»Hör mal, Lori«, sagt er. Er isst den Mund leer und nimmt einen Schluck Kaffee. Er schaut mich ernst an. Bestimmt gefällt ihm meine Hose nicht.

»Du weißt, dass ich nicht gern mit dir über deine Mutter spreche.« Die beiden Wörter »deine Mutter« spricht er ganz vorn im Mund aus, als hätte er Angst, er könnte sie aus Versehen runterschlucken und krank werden davon.

Ich nicke. Ich weiß, dass er es nicht gern tut, dass er es aber trotzdem tun wird.

»Sie hat wieder Geld verlangt.« Er seufzt.

Ich begreife, dass es diesmal für ein Geschenk nicht gereicht hat. Ich seufze auch.

»Du musst wirklich sparsamer sein«, sagt er. »Ihr denkt wohl, dass mir das Geld auf dem Rücken wächst.«

Das denke ich, ja. Ich sehe es vor mir. Ein glatter, gebräunter Rücken mit runden, glänzenden Geschwüren. Gulden, Viertelgulden und hässliche, eiternde kleine Geldstücke. Er muss ins Krankenhaus, um sie alle wegmachen zu lassen. Und dann schickt er sie zum Stadionweg.

»Ich bin sparsam«, sage ich. »Das ist meine erste neue Hose seit einem Jahr. Die letzte ist mir zu eng geworden, das hast du selbst gesagt.«

Er steht auf. Es ist Zeit für seinen Flug. »Es wird wohl eine Weile dauern«, sagt er. »Ich muss für mindestens einen Monat nach Bangkok. Gibst du dir in der Schule Mühe?«

Ich nicke. Ich winke ihm nach, bis er durch die Passkontrolle ist. Ja, ich gebe mir Mühe, Väterchen. Aber heute gehe ich in die Stadt und den Rest des Tages bleibe ich zu Hause.

Zu Hause. Vierzehn Jahre wohne ich hier schon, da kenne ich natürlich unsere Haustür. Aber wo ist unser Namensschild? Auf der Schilderreihe befindet sich über dem Schild von Frau Schreiner nur noch ein blasses Rechteck mit vier Schraublöchern. Die Klingel baumelt an einem Kabel. Über der Gegensprechanlage ist ein Brettchen. Jemand hat versucht, es abzubekommen, aber es sitzt fest.

Unserem neuen Nachbarn unten wird das gefallen. Der wohnt erst seit einer Woche unter uns, in der Wohnung von Frau Schreiner. Sie hat ihre Möbel eingelagert und über das Studentenbüro einen vorübergehenden Mieter bestellt, der auf ihre Wohnung aufpassen soll. Da hat er ja gleich was zu tun.

Wo sind die Schlüssel? Ich suche und wühle und grabe in meinen Hosentaschen. Als ich sie endlich gefunden habe, schließe ich auf, knalle die schwere Tür hinter mir zu und renne, zwei Stufen auf einmal, die Treppe hinauf.

Gleich im ersten Stock rieche ich den Geruch nach Farbe und höre schallende Sopranstimmen. Bachchoräle dröhnen durch das Treppenhaus.

Ich kriege unsere Etagentür nicht auf, der Riegel ist vorgeschoben. Das ist ganz bestimmt kein Tag, an dem alles glatt läuft. Ich klingele.

Es dauert eine Weile. Ich höre Ma hin und her gehen und mit sich selbst sprechen, als überlege sie, ob sie mich reinlassen soll oder nicht. Schließlich macht sie auf. Sie trägt ein altes Oberhemd von Tim. Ihre dünnen Beine sind nackt. Ihr blondes Haar ist blau gesprenkelt.

Sie bleibt vor mir stehen. Vielleicht tut ihr ihre Entscheidung bereits Leid. Dann dreht sie sich um und läuft ins Wohnzimmer. Als ich hineinkomme, steht sie schon wieder auf der Haushaltsleiter und streicht.

Blau. Die Decke ist blau. Der Esstisch ist blau. Das Rollo ist blau, die Lampe ist blau. Die Wände sind blau, und alles, was an ihnen hängt, ebenfalls. Das Foto von mir in Artis ist ordentlich übermalt, samt Rahmen und allem. Das bekomme ich wieder ab, aber die Van-Gogh-Poster sind nicht mehr zu retten. Sie hängen, alle gleich blau, an ihren Plätzen an der Wand.

Und inmitten von all dem Blau dröhnt aus den großen Boxen, die noch von Tim sind, die *Matthäuspassion*. Wir haben doch nicht Ostern? »Jesu bleibe meine Freude.« Die Kreuzigung Christi im September, sie ist verrückt.

Ich schlage mit der Faust gegen die nasse Wand. Jetzt ist meine Hand auch blau. Ich passe farblich gut zur Einrichtung, aber sonst nützt es nicht viel. Und böse auf sie zu werden ist wirklich sinnlos.

Ich gehe in die Küche, geradewegs zum Mülleimer. Ich hebe den Deckel hoch. Hab ich es mir doch gedacht. Wie sieben Zwerge liegen sie ordentlich aufgereiht auf den Essensresten von gestern Abend. Sieben braune Medizinflaschen mit roten Deckeln wie Mützen und auf den runden Bäuchen ein Etikett mit ihrem Namen. Kein Grumpy und Dopey und Sneezy, sondern *Lithium*, *Serenase*, *Librium* und andere schöne Namen, auf die Disney neidisch wäre. Sie hat wieder aufgehört, ihre Medikamente zu nehmen.

An ihrem Zustand merkt man, dass es schon seit ein paar Tagen so ist. Ich fische die Fläschchen zwischen den Blumenkohlstrünken hervor. Sie werden zerbrechen, wenn sie in den anderen Abfall gekippt werden.

Ich bin eine Tierfreundin. Ich will nicht, dass Mäuse, Ratten und Kaninchen sich an dem Zeug gütlich tun. Ich sehe die Müllkippe schon vor mir, voll mit halb betäubten Langohren und anderen schlafenden Nagern.

Einige der Pillen bewirken gerade das Gegenteil. Sie machen einen wach und fröhlich, als hätte man zu viel Kaffee getrunken. Die Möwen und Krähen werden herumfliegen, bis sie zu Boden fallen, zwischen kreiselnden Pusteblumen und hüpfenden Maulwurfshügeln.

Ich wische die Fläschchen sauber und nehme sie mit in mein Zimmer. Wenn sie beschließt, ihre Medikamente doch wieder zu nehmen, braucht sie keine neuen zu kaufen. Sparsam sein, hat Tim gesagt.

Sie will, dass ich die Fläschchen finde. Deshalb lagen sie auch oben auf dem anderen Abfall. Als ich das letzte Mal entdeckte, dass sie sie weggeworfen hatte, brachte ich sie zu ihr und sagte: »Du musst deine Medikamente nehmen, Ma.«

Es war früh im Sommer. Sie sägte Bretter nach Maß. Sie machte sich daran, die Fenster zu vernageln, um alle möglichen bösartigen Strahlungen abzuhalten. Sie unterbrach ihre Arbeit für einen Moment, richtete sich auf, die rostige Säge erhoben wie ein feuriges Schwert, und schaute durch mich hindurch.

»Du gehörst also auch dazu«, sagte sie mit einer metallenen Stimme.

»Wozu, Ma?«, fragte ich.

Damals gab sie noch Antwort, wenn ich sie etwas fragte. »Als ob du das nicht wüsstest!«, sagte sie. »Zu ihnen.«

Zu ihnen, das sind die Feinde, die hinter ihr her sind. Es scheinen sehr viele zu sein, denn es macht ihnen Spaß, sich zu verkleiden.

Voriges Jahr waren es die Leute von der Stadtteilverwaltung. Sie schickten einen Fragebogen an alle Haushalte in unserem Stadtteil. Ma beantwortete jede Frage mit ordentlichen Druckbuchstaben. In einer Geheimsprache. »Das wird sie lehren, andere auszuspionieren«, sagte sie grimmig.

Natürlich bekamen wir einen Antwortbrief, danach riefen sie an, und in den folgenden Wochen spähte Ma immer aus dem Fenster, bevor sie auf die Straße ging, und zog Gummihandschuhe an, um keine Spuren zu hinterlassen.

Es war gerade ein bisschen ruhiger geworden, als plötzlich jemand bei uns vor der Tür stand. Ma machte arglos auf. Es war jemand vom Gas oder vom E-Werk oder von der Telefongesellschaft, der erst bei Frau Schreiner gewesen war und dann einfach die Treppe hochgekommen war. Er ließ sich nicht wegschicken. Sie geriet so in Panik, dass ich eingreifen musste.

Es war ein großer, kräftiger Mann in irgendeiner Uniform und mit einer Identitätskarte am Revers.

»Sie müssen an der Haustür klingeln«, sagte ich.

»Aber jetzt bin ich doch schon da.«

Ich hörte, wie Ma im Wohnzimmer hin und her lief, und platzte. »Oh, Sie sind jetzt doch schon da? Vielleicht möchten Sie noch zum Dachboden gehen, nun, da Sie doch schon da sind. Wollen Sie von meinem Tellerchen essen? Nun, da Sie doch schon da sind? Oder das Telefon benutzen?«

»Nein«, sagte der Mann freundlich. Er fing an, mir zu erklären, weshalb er gekommen war, aber ich ließ ihn nicht aussprechen. Ich erklärte ihm die Benutzung einer Haustür.

Verwirrt ging er die Treppe hinunter und klingelte unten.

»Ich tappe nicht in die Falle«, sagte Ma. »Mich erwischen sie nicht.«

Und im Sommer schlug der Feind zu, in Form außerirdischer Strahlen. Ich hatte genug davon. Sie musste ihre Tabletten schlucken. Das sah sie doch wohl ein, oder?

Wenn ihr dieses Versteckspiel Spaß machen würde, dieses Katz-und-Maus-Spiel mit ihren Feinden, dann würde ich es ihr gönnen. Aber sie sah nicht aus wie jemand, der seinen Spaß hat.

Ich machte noch einen Versuch, sie umzustimmen. »Ich möchte Freunde von der Schule mit nach Hause bringen.« Das war noch nicht mal eine Ausrede. Hakim hatte sich selbst eingeladen, ich hatte allerdings gleich abgelehnt.

Sie lachte kurz. »Freunde!«

»Von der Schule«, sagte ich noch einmal.

»Niemand hält dich zurück«, sagte sie. Kurze Zeit danach fing sie an, wieder ihre Medikamente zu nehmen, und wir hatten ab da einen ruhigen Sommer. Sehr ruhig. Es war die Zeit, in der sie aufhörte, mit mir zu sprechen.

Die Fläschchen im Abfalleimer sind ein Test. Sie weiß, dass der Arzt mich gebeten hat, sofort anzurufen, wenn etwas schief läuft. Das hat er ihr selbst gesagt.

Sie weiß nicht, was ich geantwortet habe. Erst tat ich, als hörte ich ihn nicht. Ich war wegen meiner Ohrenentzündung zu ihm gekommen, nicht wegen ihr.

»Vielleicht glaubst du, dass das so etwas wie Petzen ist«, sagte der Arzt. »Aber es ist zu ihrem Besten. Und zu deinem.«

»Und was tun Sie dann?«, fragte ich. »Wenn ich Sie anrufe?«

Er schaute mich nicht an. Er war eifrig damit beschäftigt, meine Ohrenentzündung in seinen Computer einzugeben. »Maßnahmen ergreifen«, sagte er vage.

Ma hält nichts von Maßnahmen. Wenn ich den Doktor anrufe, gehöre ich zu »ihnen«. Dann bin ich zum Feind übergelaufen. Ich habe all die Ritterromane nicht umsonst gelesen. Der Verräter taugt noch weniger als der Feind.

Ich gehe in die Küche zurück, binde den Abfallsack zu und stelle ihn auf den Treppenabsatz. Dann gehe ich die Dachbodentreppe hinauf zum Klavierzimmer.

Im Flur stehen leere Kartons. Der neue Hausbewohner ist oben gewesen. Die beiden Etagen unseres Hauses haben auf dem gemeinsamen Dachboden jeweils einen eigenen Raum. Frau Schreiner kam die steile Treppe nicht mehr hoch. Wenn sie etwas aus ihrem Abstellraum brauchte, holte ich es für sie. Ich habe den Dachboden immer als meine Domäne betrachtet. Und jetzt kommt ein fremder Gockel und stolziert hier herum.

Einen Moment lang überlege ich, ob ich in alle Ecken und Löcher pinkeln soll, um mein Terrain abzustecken, sehe aber davon ab. Zum ersten Mal wünsche ich mir, Frau Schreiner wäre nicht weggezogen.

Das Dachzimmer riecht muffig. Ich mache das Fenster auf. Wenn ich bei der Musikproduktion mitmachen will, werde ich weiter Klavier spielen müssen, da beißt die Maus keinen Faden ab.

Ich muss das Musikzimmer abschließen, bis ich weiß, was das für ein Typ ist. Nicht dass man ein Klavier einfach so in die Tasche steckt, aber vielleicht ist der neue Hausbewohner so einer, der überall herumschnüffelt.

Ich höre, dass jemand bei uns klingelt. Ich schließe die Tür hinter mir ab, stecke den Schlüssel hinter ein loses Brett und laufe die Treppe hinunter.

Der neue Hausbewohner steht vor der Tür und versucht erfolglos, sich verständlich zu machen. Johann Sebastian Bach ist keiner, der sich überstimmen lässt.

Ma steht schweigend vor ihm und schaut an ihm vorbei. Sie ist doch müde geworden. Ihr Gesicht ist noch blasser als sonst, fast durchscheinend, und sie hat Ringe unter den Augen.

Ich gebe dem Nachbarn einen Schubs, damit er zur Seite tritt, und gehe hinein. Dort mache ich die Musik aus und bleibe im Wohnzimmer stehen. Sie muss ihren Kram alleine machen. Ich bleibe nur in der Nähe für den Fall, dass es ganz danebengeht.

Böse Worte sind zu hören. Nicht von ihr. Wenn sie schreit, dann schimpft sie auf Dinge und Instanzen oder das Wetter. Nie auf Menschen.

Ich gehe zur Tür. Sie verschwindet.

»Sie brauchen nicht mehr zu schreien«, rufe ich aus dem Flur. »Die Musik ist aus.« Da erst sehe ich ihn wirklich und schlucke ein paar Mal.

Er ist ungefähr fünfundzwanzig, mit blonden Haaren und grauen Augen. Aber seine Wimpern sind lang und schwarz.

Das ist eine der sieben Schönheiten, glaube ich. Ob er die anderen sechs auch besitzt, weiß ich nicht. Ich habe sie vergessen.

Er bewegt den Mund. Ich komme gerade noch rechtzeitig auf den Boden zurück, um zu hören, was er sagt.

»Es geht mir nicht um die Musik.« Sein Tonfall ist singend. »Sie will, dass ich meine Schlüssel abgebe. Sie schickt mir Drohbriefe.«

Mein Gehirn arbeitet ungewohnt langsam. »Haben Sie denn einen Schlüssel von unserem Haus?«

»Natürlich habe ich einen Schlüssel«, sagt er empört. »Ich habe das Stockwerk unter euch gemietet.«

Langsam dringt es zu mir durch. »Ach so«, sage ich atemlos. »Sie will, dass Sie ihr die Haustürschlüssel geben.«

Er nickt düster. Die Situation wirkt ein bisschen auf meine Lachmuskeln. Vermutlich sind das die Nerven.

»Wenn Sie ihr die Haustürschlüssel geben, müssen Sie immer bei uns klingeln, wenn Sie hereinwollen«, sage ich. »Das scheint mir nicht sehr geschickt.«

Er sieht erleichtert aus. Man sieht ihm an, was er denkt: Wenigstens eine in diesem Haus hat einen gesunden Menschenverstand. Er lächelt mich an. Er trägt ein wollenes, ärmelloses Ding. Ein Spencer? Vielleicht ist das modern bei den Studenten. Er sieht aus wie alte Filmstars, als sie noch jung waren.

»Bist du von der häuslichen Pflege?«, fragt er.

Er glaubt, dass ich schon mit der Schule fertig bin! Hätte ich nur Schuhe mit hohen Absätzen an. Ich gebe meiner

Stimme einen kompetenten Tonfall. »Wenn Sie sich belästigt fühlen, sollten Sie nicht heraufkommen, um sich zu beklagen, davon wird es noch schlimmer. Sie können beim Gesundheitsamt anrufen, oder bei der Polizei. Das nützt zwar nichts, aber vielleicht erleichtert es Sie. Ich wünsche Ihnen noch einen angenehmen Nachmittag.«

Verblüfft macht er einen Schritt rückwärts. Noch so ein Schritt und er fällt die Treppe runter. Ich schlage die Hand vor den Mund und stoße einen mädchenhaften Schrei aus. Gerade noch rechtzeitig bleibt er stehen.

Jetzt habe ich es verdorben. Oder ihm ist etwas an mir aufgefallen. Ihre blauen Augen, ihre hellblonden Haare. Ihre Sommersprossen.

»Du bist ihre Tochter«, sagt er. Na bitte.

Den guten Eindruck kann ich vergessen. Plötzlich habe ich es eilig. Ich will in mein Zimmer und meine Wunden lecken. »Sie müssen die Kartons vom Treppenabsatz oben wegholen«, sage ich. »Der Feuerschutz verlangt das. Sonst bezahlt die Versicherung nichts.«

»Tu ich«, sagt er. Er lehnt sich an die Wand und schaut mich an. Mir wird ganz warm davon.

Er streckt mir die Hand hin. »Ich bin Mark.«

»Ich nicht«, sage ich und mache schnell die Tür zu.

3

Die Musikproben finden im Turnsaal statt. Es gibt ein fahrbares Podium, das für Elternabende und die Überreichung von Abiturzeugnissen hervorgeholt wird. Dann dient der Saal als Aula.

Nun hängen Vorhänge vor der Sprossenwand. Das Pferd, der Barren und andere Geräte sind weggeräumt, aber der Geruch von Schweiß und Misslingen ist noch da.

In einer Ecke steht ein Schlagzeug. Hakim und Silvester stehen davor und wagen nicht, es anzufassen.

Marie-Louise sitzt zwischen den anderen Mitgliedern des Schulorchesters. Das finde ich seltsam.

In der Orientierungsstufe haben sie uns schon gefragt, wer ins Orchester will, aber wir verstanden sofort, dass sich das nicht gehörte. Man wurde komisch angeschaut, wenn man sich mit den Leuten vom Gymnasium abgab. In der neuen Schule aus dem Rahmen zu fallen war das Letzte, was ich gewollt hätte. Vielleicht hatte Marie-Louise mehr Mut als ich.

Sie hat eine Geige dabei. Das Schulorchester macht nicht viel her. Es gibt ein paar Mädchen mit einem Fagott, einer Klarinette, einem Cello und einem Bass – und nur einen einzigen Jungen, Derk Jan Derksen. Er spielt Bratsche. Ich habe mir seinen Namen gemerkt, weil er mir Leid getan hat. Wehe, wenn man Eltern hat, die einem so einen Namen aufladen.

Eines der Mädchen lässt etwas fallen, ein Mundstück oder so. Sie kriecht über den Boden und kichert ausgelassen. Ihre Freundinnen finden das auch sehr witzig. Das können sie ihren Müttern erzählen, wenn die den Tee gekocht haben. »Madelon hat ihr Mundstück fallen gelassen und es nicht gefunden, was haben wir gelacht.« Die jeweilige Mutter bricht dann natürlich ebenfalls in Gelächter aus.

Ich drehe ihnen den Rücken zu und gehe zum Klavier, das neben dem Schlagzeug steht. Ich klimpere ein Kinderlied. Es ist gestimmt, ich bin angenehm überrascht.

Plötzlich ist es still geworden. Mein *Bauer, da liegt ein Huhn im Wasser* klingt wie ein Hof voller Federvieh. Ich beende ruhig meine Läufe und schaue hoch.

Lieber Himmel, das Monster von Loch Ness. Ein Männchen kommt auf krummen Beinen in den Saal. Seine gelblichen Haare hängen in Strähnen um sein Gesicht. Er ist so stolz auf diese Haare, dass er sogar noch einen Schnurrbart dazubestellt hat. Der hängt traurig um seinen Mund und schämt sich für die vorstehenden Zähne.

Und was ist das? Unglaublich, ein Hund. Die Miniaturausgabe einer Bulldogge, auch auf krummen Beinen, mit genauso gelblichen Haaren und ebensolchen Zähnen. Das muss der neue Musiklehrer sein. Und er hat seinen kleinen Bruder mitgebracht.

Die Orchestermitglieder kennen ihn schon, die Glückspilze. »Guten Tag, Iwan«, trällern sie im Chor. Sein kurzes

Ärmchen macht einen Riesenschwenk. Niemand begrüßt den Hund. Das finde ich zum Heulen.

Iwan trippelt zum Schlagzeug und macht sich mit Silvester und Hakim bekannt.

»Ich bin Lori«, sage ich, als er zum Klavier kommt.

»Ich habe von dir gehört«, sagt er freundlich.

Ich bin verdutzt.

»Bei der Lehrerkonferenz.«

Natürlich. Ich kann mir ungefähr vorstellen, was sie über mich erzählen. Ich nicke zu dem geifernden Köter und frage: »Und wie heißt Ihr kleiner Bruder?«

Hakim kichert hoch und Silvester lacht laut. Iwan grinst. Der Köter kläfft. Die Orchestermitglieder schweigen verblüfft. Bis auf einen. In ihre Stille und unseren Krach klingt schallendes Gelächter. Ich erkenne die Stimme nicht.

All die hochnäsigen Mädchen schauen in dieselbe Richtung. Die Schuldige versucht, ihren feuerroten Kopf hinter ihrem Notenständer zu verstecken. Marie-Louise.

Iwan hebt das Monster hoch. »Darf ich vorstellen, das ist Wanja.«

»Der kleine Iwan«, sagt Silvester.

»Genau«, sagt Iwan. »Mein kleiner Bruder. Lori hat das ganz richtig gesehen.«

Ich fange schon an, mich zu schämen. Aber Iwan lacht mich an. Sein verknittertes Gesicht bekommt noch mehr Falten, aber in seinen Augen blitzt ein Licht. Himmelblau sind seine Augen, und groß. Wanja hat braune.

»Nein, Sie sehen Ihrem Hund gar nicht ähnlich«, sage ich leise. »Sie geifern nicht.«

»Was hast du gesagt?« Eine Donnerstimme hinter meinem Rücken. Hinter dem schwarzen Vorhang ist noch eine Tür. Und auf der Schwelle steht ein unbekannter Mann. Ein Herr. Er trägt einen hellgrauen Maßanzug und sein Gesicht ist gebräunt.

Er stellt sich neben Iwan. »Das ist nicht die richtige Art, mit einem Lehrer zu sprechen«, sagt er in seinem sehr gepflegten Niederländisch.

Iwan murmelt etwas, aber der Mann schaut mich mit kalten Augen an. Als er genug gesehen hat, gibt er Iwan die Hand und wendet sich an das Orchester. »Nun, ihr jungen Leute, für die, die mich noch nicht kennen, werde ich mich vorstellen. Ich bin der Vorsitzende des Elternbeirats, mein Name ist Derksen.«

Ich werfe einen Blick zu seinem Sohn, der steif aufgerichtet dasitzt und versucht, sich unsichtbar zu machen. Für so einen vornehmen Vater braucht man sich doch nicht zu schämen, oder?

»Dieses ganze Projekt«, sagt der Vorsitzende, »ist eine Initiative des Elternbeirats.« Er wartet einen Moment. Noch klatscht niemand. »Wir sind eine schnell wachsende Schule im Herzen der Stadt«, fährt er fort, als wäre das was Neues. »Seit kurzem haben wir auch einen Realschulzweig und sogar einen Gymnasialzweig.« Bei dem letzten Wort sieht er aus, als wäre sein Mittagessen nicht in Ordnung gewesen. »Aber vor allem wollen wir doch das Segment der Jugend in unsere Schule locken, das von alters her unsere Zielgruppe gewesen ist.«

Er lässt den Blick flüchtig über Hakim, Silvester und mich gleiten, und ich habe es im Gefühl, dass er uns nicht zu seinem Favoritensegment zählt.

Ich fange an zu verstehen, warum Derk Jan so verlegen dasitzt. Ich hoffe für ihn, dass wenigstens er zum Favoritensegment seines Vaters gehört.

Derksen nimmt einen Stoß Papiere aus seiner Aktentasche und wedelt begeistert damit herum. »Eine Musikaufführung von höchstem Kaliber, das hat eine ausnehmend anziehende Wirkung.«

Wenn ich gewusst hätte, dass wir in einem Werbespot für unsere Schule auftreten sollen, hätte ich mich nicht gemeldet. Ich mache schon den Mund auf, um das zu klären, aber aus dem Augenwinkel sehe ich, wie das starre Gesicht von Derk Jan erst rot wird und dann blass. Mein Herz ist größer als meine Klappe. Ich halte den Mund.

»Ich habe euren Lehrer schon auf dieses großartige Musikstück aufmerksam gemacht«, sagt Derksen fröhlich. »Es ist eine schöne Partitur aus dem Jahr 1887.«

Von irgendwoher erklingt ein leises Stöhnen. Vielleicht hat Wanja einen Alptraum. Der Vorsitzende blickt mit einem angeekelten Gesicht zu dem Köter, lässt sich aber nicht aus dem Konzept bringen. »Ein Märchen für Kinder. Es geht um den Rattenfänger von Hameln.«

Als das Jubeln ausbleibt, wendet sich der Vorsitzende wieder an Iwan. »Habe ich es richtig verstanden, dass Sie die fehlenden Partien selbst schreiben?«

Iwan nickt.

»Vom Orchester ist nicht viel übrig«, sagt Derksen missbilligend. »Unsere Schüler für ein solches Projekt zu begeistern, das ist doch Teil Ihrer Aufgabe.«

Iwan schweigt.

Derksen legt mir die Noten vor die Nase und wartet. Ich weiß, was er vorhat. Wenn ich nichts hinkriege, kann er über mich herziehen. Bestimmt brütet er schon etwas Hasserfülltes aus. Ich könnte es ihm vorsagen: »Etwas mehr Qualität, junge Dame, und weniger Frechheit.«

Auf dem vergilbten Umschlag steht eine düstere Figur in einem langen, weiten Mantel. Darunter steht in Schnörkelschrift: *Der Pfeifer mit der Kutte*. Ich schlage das Deckblatt um.

»Das ist keine Partitur, mein Herr«, sage ich freundlich zu Derksen. »Das ist ein Stück für Klavier und Chor.«

»Das habe ich gesagt«, schnauzt er. »Spiel mal. Oder kannst du es nicht?«

Ich schlucke, als ich den Haufen Dur- und Moll-Zeichen sehe. Aber ich lasse mir nichts anmerken und lege los. Es geht besser als erwartet. Es ist nicht allzu schwierig und ziemlich gut vorhersehbar. Es klingt, sosehr ich mich auch bemühe, wie ein trockener Zwieback.

Als ich eine Seite gespielt habe, höre ich auf. Derksen nickt schweigend und schaut verärgert zum Schlagzeug. »Im neunzehnten Jahrhundert haben sie bestimmt nicht solche Instrumente benutzt, nicht wahr?«

Iwan schüttelt den Kopf.

»Nun ja, wenn alles nur niveauvoll ist, darum geht es uns doch, nicht wahr?«

Iwan nickt.

Der Vorsitzende hüstelt, packt sein Zeug wieder ein und macht sich davon. An der Tür dreht er sich noch einmal um. »Komm bitte nicht unnötig spät, Derk Jan, ja?« Seine Stimme schallt durch den Saal.

Bei den Bläsern wird gekichert. Ich sehe zu meiner Überraschung, dass Marie-Louise giftig »Pssst« ruft. Ihr Gesicht bekommt die gleiche Farbe wie das von Derk Jan.

Papa Derksen geht ab. Eine missmutige Stille breitet sich aus.

4

Später, als ich durch den Park fahre, habe ich noch immer die Orchesterprobe in meinem Kopf. Es ist neu für mich, dass ich unterwegs an die Schule denke, aber ich glaube an persönliches Wachstum. Es hält einen wach.

Iwan ließ sich durch Derksen nicht abschrecken. »Ich bin angestellt worden, um dem Schulorchester neues Leben einzublasen«, sagte er zu uns. »Und ich werde blasen bis zu meinem letzten Atemzug.«

Dann mussten wir alle etwas vorspielen. Silvester erwies sich als Zauberer auf dem Schlagzeug.

»Das machst du sehr gut«, sagte Iwan.

Silvester schwieg.

»Alle Surinamer haben ein Gefühl für Rhythmus«, sagte Hakim. »Das kommt von den Galeeren.«

Diese Variante war mir neu.

»Die Sklaven mussten immer schneller rudern und da saß dann ein Holländer mit einer langen Peitsche vorn drin und rief: ›Eins, zwei, eins, zwei, klatsch, klatsch, klatsch.‹«

»Eins, zwei, eins, zwei, klatsch, klatsch, klatsch«, sagte Silvester erstaunt. Ihm war die Variante auch neu.

Hakim hätte eine derartige rhythmische Bestrafung gut brauchen können. Das Trommeln, das er produzierte, war nicht gerade der Hit. Vielleicht hatte er zweimal auf eine leere Suppendose geschlagen, als er vier war, aber bestimmt war das seine einzige Erfahrung mit dem Trommeln.

Iwan wollte ihn wegschicken, aber Silvester nahm für ihn Partei. Er flehte Iwan herzerweichend an. Dieser Junge hatte seine Zeit bestimmt nicht vertrödelt, außer bei den *Parboboys* hatte er bestimmt noch bei einer Surinamer Theatergruppe mitgespielt.

»Gnade!«, rief er. »Sie wissen doch, dass dieser Knabe ein armer Immigrant ist? Er hat keinen Musikunterricht genießen können wie diese Damen hier. Seine eigene Berberkultur ist ihm weggenommen worden, erst durch die Araber und dann durch die Franzosen.« Silvester nickte. »Ein hohles Fass ist er, ein Vakuum, und die Straße ist seine einzige Zukunft.«

Hakim ging auf ihn zu. Er machte kein freundliches Gesicht. Da erst verstand ich, dass Silvester es ihm zurückgezahlt hatte. »Galeeren!«, zischte er und drehte Hakim den Rücken zu.

Iwan übernahm das Ruder. »Wir finden bestimmt was für dich«, sagte er zu Hakim.

Nun war ich an der Reihe, mit meinem Talent zu prunken. Ich setzte mich in Positur und wählte das schwierigste Stück von Beethoven, das ich in meinem Repertoire hatte.

Ich glaube schon, dass ich Hakim beeindruckte, und vielleicht auch die Damen vom Orchester, aber Iwan wartete nur ungeduldig, bis ich fertig war.

»Und jetzt spiel was von dir selbst«, sagte er ruhig.

Ich schaute ihn mit offenem Mund an, bereit, den Raum zu verlassen. Ich lass mich doch nicht zum Narren machen.

»Improvisieren«, sagte Iwan.

Langsam begann es mir zu dämmern. Frau Schreiner nennt das »klimpern« und sie glaubt nicht daran. Sie glaubt an Fingerübungen und Etüden, und wenn sie mal besonders ausgelassen war, spielten wir ein vierhändiges Stück.

Iwan schaute von mir zum Orchester und sagte: »Jahrelang habt ihr schon Unterricht gehabt, aber wer von euch kann *Lang soll sie leben* spielen oder irgendetwas, was ich vorsinge?«

Marie-Louise hob die Hand halb hoch. Dann wurde sie rot und ließ sie wieder sinken.

»Was wollen Sie hören?«, fragte ich. »Jazz, Klassik, House, Blues?«

»Jetzt tu doch nicht, als wärst du ein Keyboard auf zwei Beinen«, sagte Iwan. »Einfach etwas von dir selbst, bitte.«

Ich begann zu spielen. Eigentlich ist es mein geheimes Hobby, aber Iwan forderte mich heraus. Ich spielte, was mir einfiel, und dachte an all die Abende zu Hause, an denen ich mich langweilte und versuchte, dem Klavier eigene Musik zu entlocken.

»Ich habe dich wohl gehört«, sagte Frau Schreiner dann in der nächsten Klavierstunde. »Du hast wieder geklimpert. Ein Klavier ist kein Spielzeug, Lori.«

Deshalb wartete ich, bis sie das Haus verließ, um das zu tun, was ich wirklich »spielen« nannte. Manchmal, wenn ich schlechte Laune hatte, kümmerte ich mich nicht um sie und hämmerte drauflos. Ihre Sonatinen, Preludes und Sarabandes nahm ich einfach mit in Kauf.

Als ich fertig war, nickte Iwan. »Das kommt der Sache schon näher«, sagte er. »Und, Lori, Improvisieren kann man lernen.«

Die einzige wirkliche Überraschung war Marie-Louise.

»Etwas von mir selbst?«, fragte sie, als sie an der Reihe war.

Iwan nickte. Sie spielte so schön, dass mir die Tränen in die Augen stiegen und ich mich auf meinem Hocker umdrehen musste. Der Hocker quietschte und überstimmte einen Moment lang ihr Geigenspiel.

Jemand zischte neben mir. Ich drehte mich zurück. Es war Derk Jan. Ich blickte von ihm zu Marie-Louise. Ich hatte herausgefunden, was sie im Schulorchester taten.

Als Marie-Louise fertig war, fingen alle an zu klatschen, und dann spielte sie noch *Lang soll sie leben* und führte dabei einen kleinen Rundtanz auf. Es war ein würdiges Ende des Vorspielens.

»Gut«, sagte Iwan, »wir machen also ein Musical über den Rattenfänger von Hameln.«

»Und was tun wir mit diesem Ding von sechzehnhundert?«, fragte ich. »Mit dem vom Vorsitzenden?«

Sein schiefes Gesicht verzog sich zu einer Art Blinzeln. »Wir bearbeiten das Material da und dort ein bisschen.«

Ich bezweifelte, dass der Vorsitzende des Elternbeirats das ebenfalls würdigen könnte, aber ich dachte an Derk Jan und hielt den Mund.

»Ist das Thema nicht ein bisschen kindisch?«, fragte Hakim. »War das nicht der Spielmann, der die Kinder mit seiner Flöte weggelockt hat?«

Irgendwo aus dem Orchester kam Gekicher. Bestimmt eine Schwester von Bob oder Rik, diesem Pack aus der 9b. Wenn das Wort »Flöte« sie zum Lachen brachte, sollten wir uns lieber ein anderes Märchen aussuchen.

»Ich glaube nicht, dass es kindisch ist«, sagte Iwan. »Los, frischen wir doch mal unser Gedächtnis auf.«

Wir stellten unsere Stühle im Kreis und hockten uns hin. Wanja sprang auf Iwans Schoß und er streichelte die kleine Missgeburt, während er erzählte.

»Die Bürger von Hameln waren dick und fett geworden. Sie dachten nur noch an Geld. In anderen Städten herrschte Armut, aber die Vorratskeller von Hameln waren gefüllt und die Speicher barsten.

Und dann kamen die Ratten.

Der Bürgermeister von Hameln war verzweifelt. Er wollte seinen Reichtum nicht teilen, weder mit Tier noch Mensch. Er wollte nicht erinnert werden an Armut und Dreck. Er versprach demjenigen einen Sack Gold und die Hand seiner Tochter, der es schaffen würde, die Ratten zu fangen.

Da kam der Spielmann. Er spielte auf seiner Flöte, und die Ratten liefen hinter ihm her zu einem großen See, wo sie ertranken.

Doch der Bürgermeister von Hameln hielt sein Versprechen nicht. ›Ein bisschen flöten, das ist keine Kunst‹, sagte er. ›Ich kann meine Tochter doch nicht mit einem Musikanten verheiraten.‹

Da blies der Spielmann wieder in seine Flöte, und alle Kinder von Hameln, auch die Tochter des Bürgermeisters, liefen ihm nach. Sie verschwanden in einem Loch im Felsen und kamen nie mehr zurück.«

»Geschieht ihm recht«, sagte Hakim.

»Meine Mutter hat es anders erzählt«, sagte Madelon. »Die Eltern weinten einen Fluss voll Tränen und der strömte zum Rattenfänger. Da bekam er Mitleid und ließ die Kinder gehen.«

»Weibergeschwätz«, sagte Hakim.

»Sie hat Recht«, sagte ich. »Die Eltern weinten.«

Madelon schaute mich dankbar an.

»Und in dem Fluss aus Tränen«, fuhr ich fort, »ertranken die Kinder.«

»Du nimmst es nicht ernst«, sagte Hakim.

»Ich bin auch noch nicht fertig. Der Fluss aus Tränen strömte zum Meer und alle Ratten kehrten nach Hameln zurück.«

Hakim ignorierte mich. »Wir haben überhaupt keinen Flötisten. Könnte der Rattenfänger nicht Klavier spielen?«

»Wenn du es für mich herumträgst«, sagte ich.

»Ich spiele Flöte«, sagte Iwan, »aber ich mache nicht mit. Ich muss dirigieren.«

Er hatte bestimmt keine große Lust, sich auf das Podium zu stellen und sich angaffen zu lassen, mit so einem Gesicht. Kein Wunder, dass er Dirigent geworden war. Sein Rücken war noch das einzig Vorzeigbare an ihm.

»Wir können Hakim die Rolle des Rattenfängers geben«, sagte ich. »Wenn Sie die Partie einspielen, kann er Playback machen. Das kann jedes dreijährige Kind.«

Hakim schaute mich giftig an, aber Iwan nickte. »Dann brauchen die Leute mein hässliches Gesicht wenigstens nicht zu sehen.« Er konnte Gedanken lesen. »Dann werde ich nun auch etwas vorspielen.«

Er holte große und kleine Flöten aus den Taschen seiner Hose und seiner Jacke, bis er eine Pikkolo gefunden hatte.

Bei den ersten Tönen legte Wanja den Kopf auf die Pfoten und seufzte tief. Danach gab keiner mehr einen Ton von sich.

Es war eine so traurige Melodie, dass ich Lust hatte, ebenfalls meinen Kopf auf die Vorderpfoten zu legen und zu jaulen. Danach wurde sie fröhlicher. Meine Füße fingen an sich zu bewegen.

Man konnte sich leicht vorstellen, dass dieser Rattenfänger alle Kinder von Hameln mit seiner Flöte mitgelockt hat. Ich wäre ihm sofort nachgerannt. Ich hatte sein hässliches Gesicht und seine kurzen, krummen Beine längst vergessen.

Ich werde dir folgen, Spielmann, bis zum Boden des tiefsten Sees und bis zur Spitze des höchsten Berges. Und bestimmt mache ich bei deinem Musical mit, egal ob es kindisch ist oder nicht. Auch wenn ich improvisieren muss, obwohl ich das nicht wirklich gelernt habe.

Peng! Was ist passiert? Ich stehe auf meinen Bremsen.

Das wird dich lehren, auf dem Heimweg an die Schule zu denken. Einer der Skater, die den Park unsicher machen, ist nach links abgebogen, ohne die Hand auszustrecken. Er ruft »Scheiße« und knallt kräftig hin.

Ich falle samt Fahrrad und allem über ihn und rolle mich ab. Schnell stehe ich auf und schaue auf ihn hinunter. Er hat sich aufgesetzt und betrachtet bedrückt seine blutenden Beine.

Er hat schöne rote Knie mit Grind zwischen dem Blut. Noch nie was von Knieschützern gehört, Idiot? Bestimmt glaubst du, dass du unsterblich bist auf deinen lächerlichen Minirädern.

»Rindvieh«, sage ich. »Arschloch.« Ich hebe mein Fahrrad hoch. Der Vorderreifen hat einen Achter.

Ich gehe zu Fuß weiter, schiebe mein Rad und schaue mich genau um. Hier radle ich also jeden Tag entlang. Wie ist das möglich? Es ist, als würde ich das alles zum ersten Mal sehen.

Nicht dass ich viel versäumt hätte. Das Gras am Straßenrand ist matschig und von den Joggern platt getrampelt, die Bäume stehen starr und akkurat in ordentlichen Reihen und Blumen gibt es überhaupt keine. Die Lamas hinter dem Zaun bemühen sich vergeblich, sich hier zu Hause zu fühlen. Es ist nicht der Garten Eden, trotzdem ist es schön, sich umzuschauen.

Vielleicht liegt es an Hakim, dass ich auf einmal meine Augen benutze. Ich weiß, dass er an mich denkt, auch nach der Schule. In diesem Moment fragt er sich vielleicht, wo ich nun bin und was ich tue.

Ich bin im Vondelpark, Hakim, siehst du mich? Ich habe einen idiotischen Rollerskater umgefahren und ihn beschimpft, also fühle ich mich gut, das verstehst du doch, oder?

Wenn jemand an dich denkt, dann lebst du doch ein bisschen, auch wenn du allein bist.

Aber da ist noch etwas. Ein leises Läuten in meinem Hinterkopf, wie eine freundliche Kirchenglocke. Es ist das Lachen von Marie-Louise.

Ich stelle mein Fahrrad hinten in den Verschlag unter der Feuertreppe und gehe hinauf, um Geld für die Reparatur zu holen. Als ich das festlich aufgedonnerte Wohnzimmer sehe, könnte ich mir selbst an den Kopf schlagen. Ich habe vergessen, Geld am Automaten zu holen.

Sobald Tims Beitrag da ist, schnappe ich mir immer Mas Bankkarte und hebe einen ordentlichen Betrag ab. Das ist mein Taschengeld, mein Kleidergeld und auch noch was für den Haushalt, falls mitten im Monat nichts mehr da ist.

Nun ist es eindeutig zu spät. Alles Geld ist für Kram draufgegangen. Es sieht allerdings festlich aus, sofern einem so was gefällt. Man sieht, dass sie auf der Kunstakademie war. Hellblaue Tüllgardinen hängen wie Spinnenweben kreuz und quer unter der Decke. Ein Sprühmuster aus Goldfarbe schmückt die blauen Wände.

Ein paar Möbel sind mit einer Sprühdose vergoldet worden und überall stehen glänzende Schalen und anderes Zeug. Man sieht, dass sie die Kunstakademie nicht fertig gemacht hat.

Sie hat die Wohnung gründlich verkleidet. Das wird jeden Feind auf die falsche Fährte locken. Schade, dass man Gold nicht essen kann, und den Fahrradmechaniker kann man auch nicht damit bezahlen. Das heißt, dass ich zu Fuß zur Schule gehen muss.

Sie ist nicht sichtbar müde geworden von ihren Anstrengungen. Sie sitzt auf dem Boden, neben dem Esstisch. Sie hat ihm die Beine abgesägt. Im nächsten Monat werden wir einen neuen Esstisch kaufen müssen. So ist das Geld schnell weg.

Neben ihr auf dem Tisch liegt ein Yogabuch. Auch neu. Sie macht Übungen aus dem Buch. Dazu trägt sie einen blauen Kimono, mit einem gefährlichen Drachen auf dem Rücken.

Ich weiß nicht viel von östlicher Weisheit, aber Yoga scheint mir etwas zu sein, bei dem man ruhig auf dem Rücken liegt und an nichts denkt.

Sie rast im Eiltempo durch das Buch und arbeitet die einzelnen Übungen ab. Es sieht nicht aus wie Yoga. Sie erinnert mich an einen Frosch auf einem Hüpfkissen.

Ich weiß nicht, wo sie die Energie herhat, aber insgeheim juble ich ihr zu. Gut so, Ma, zeig's ihnen. Mach noch einen Handstand. Je eher du wieder zusammenbrichst, umso besser. Auf jeden Fall ein bisschen billiger.

Ich schlurfe in die Küche, um zu sehen, was wir für den Rest des Monats noch im Haus haben. Oh, ich bin so müde. Wie kommt eine so energische Mutter überhaupt an so eine lahme Tochter?

Um das Essen für die kommenden Tage brauche ich mir keine Sorgen zu machen. Der Kühlschrank ist voll. Geheimnisvolle schwarze Pilze und blasse Würfel, getrocknete grüne

Blätter und ein Topf mit etwas, das aussieht wie Leim. Braune Soße. Roher Fisch in einem Brei.

Vermutlich hat sie irgendwo gelesen, dass Seetang, Soja und Tofu die Rettung der Menschheit bedeuten. Und bestimmt ist sie nicht die Einzige, die fest daran glaubt. Ich selbst möchte heute Abend lieber ein Omelett. Falls noch Eier da sind.

Es gibt keine mehr. Ich suche meine letzten Geldstücke zusammen und laufe die Treppe hinunter, um welche zu holen. Die leere Schachtel nehme ich mit. Lose Eier sind einen Cent billiger.

Der neue Hausbewohner steht in voller Breite vor seiner Tür. Er trägt ein Sakko und eine Hose mit scharfen Bügelfalten. Er kommt mir eher wie ein junger Geschäftsmann vor als wie ein Student. Aber er lächelt wie ein Fotomodell.

Das Herz klopft mir im Hals. Mit einiger Mühe bekomme ich ein zittriges »Hallo« heraus. Ich trete von einem Fuß auf den anderen. Ich weiß nicht, ob ich weitergehen soll oder nicht.

»Wie geht's?«, will er wissen. Er meint natürlich sie. Erst wollen die Leute immer alles über sie wissen und nach einer Weile möchten sie nichts mehr von ihr hören.

»Fragen Sie sie doch selbst«, sage ich kurz und mache zwei Schritte vorwärts.

»Ich meine nicht deine Mutter«, sagt er. Ich bleibe wieder stehen. »Wie es ihr geht, weiß ich ja.«

Dann weißt du mehr als ich, Alter, denke ich geringschätzig.

5

»In zwei Wochen fangen wir an«, hatte Iwan gesagt. »Dann habe ich für jeden etwas geschrieben.« Er teilt die Partien aus. »Erst mal zu Hause studieren.«

Ich hatte mich ein bisschen auf die Orchesterprobe gefreut, aber das hätte ich besser bleiben gelassen. Iwan hat für das heutige Treffen einen Haufen Orientierungsstufler aufgetrieben. Sie purzeln übereinander her und schreien.

Hakim und Silvester sitzen in einer Ecke der Turnhalle und haben sich fassungslos die Finger in die Ohren gesteckt. Iwan sieht meinen enttäuschten Blick und sagt: »Ratten.« Ich nicke.

Danach versucht er, sich verständlich zu machen, aber die Orientierungsstufler kann man nur in erfrorenem Zustand überstimmen.

Iwan holt tief Luft, zwickt einen der Kerlchen in den Zeigefinger und brüllt: »*Ajax!*«

Einen Moment lang ist es still.

»Yes, Sir«, sagt das Opfer. Er hat ein rotes T-Shirt an, mit n Namen des Fußballclubs.

»*Ajax, Ajax*«, skandieren seine Freunde lauthals.

»Schön, dass du da bist, Ajax«, sagt Iwan. »Wie heißt du Nachnamen?«

geht zum Klassenbuch, das auf seinem Notenständer

Er sieht meinen Blick. »Ich weiß alles darüber«, sagt er ein bisschen arrogant. »Ich studiere das Fach. Bald schreibe ich eine Klausur über dieses Thema.«

Ein angehender Professor der Übergeschnapptenwissenschaft. Bestimmt will er hier praktische Erfahrungen sammeln. Die kann er haben.

Eigentlich bin ich erleichtert. Er weiß, was sie hat. Das erspart Körbe von bösen Briefen und Telefonanrufe von der Wohnbaugesellschaft. Aber er weiß auch, dass ich ihre Tochter bin. Wieder mache ich zwei Schritte. Nun stehe ich auf der obersten Treppenstufe.

»Ich habe gefragt, wie es dir geht.«

Ich drehe mich um und schaue ihn erstaunt an. »Mir? Prima.«

»Möchtest du eine Tasse Tee?«

Er ist gut in seinem Fach. Bestimmt wird er später ein großartiger Seelenklempner. Denn er hat gut geraten, dass man mich damit platt schlägt. Tee. Kekse. Gänsespiel spielen. Fremdartige Gebräuche der einheimischen Bevölkerung.

Eins zu null für den Nachbarn.

Ich folge ihm ins Wohnzimmer, in dem nicht viele Möbel stehen. Es ist nur eine Wohnung auf Zeit. Frau Schreiner hat ihren Teppich liegen lassen, aber ihre anderen Sachen sind alle verschwunden.

Ein Sofa steht da und ein Tisch mit zwei Stühlen und ein Schreibtisch. Ich weiß nicht, wohin ich mich setzen soll. Ich bleibe neben dem Fernseher stehen.

»Wir haben keinen Fernseher«, sage ich schnell, nur um irgendetwas zu sagen.

»Oh?«

»Es sind Abhöranlagen von der Stadtverwaltung drin.«

Er nickt, als wäre das selbstverständlich. Bestimmt hat er so etwas bei seinen Vorlesungen gehört.

»Sie hat das Ding auseinander genommen. Schlau, nicht wahr? Ich wüsste gar nicht, wie das geht.«

In solchen Dingen ist sie sehr geschickt. Technik, Schreinern, Malen, das geht ihr wie nichts von der Hand. Aber von anderen Dingen versteht sie nichts. Nie wird ein Fernseher wollen, dass du etwas zu ihm sagst. Und abhören, das kommt ihm nicht in den Sinn. Sie hätte ihn nicht kaputtzumachen brauchen, dann könnte ich abends alte Filme sehen, mit Stars, die aussehen wie Tim. Und wie der Nachbar.

»Setz dich doch.« Er nimmt die Mütze von der Teekanne und gießt ein.

Ich versinke in den weichen Kissen des Sofas. Es ist seltsam, in dieser vertrauten Umgebung bei einem wildfremden Menschen zu Besuch zu sein. Vor allem bei so einem gut aussehenden Fremden. Und ich verliere nicht gerne die Fassung.

»Ist Ihre Mutter tot?«, frage ich.

Zuerst sieht er verwirrt aus. »Wie kommst du denn darauf?«

»Im Mittelalter hatten die Leute Teemützen. Sie müssen das Ding also geerbt haben.«

Einen Moment lang weiß er nicht, was er sagen soll. Eins zu eins, unentschieden.

Dann deutet er auf ein eingerahmtes Foto auf seinem Schreibtisch. Ein alter Herr und eine Dame in steifen Kleidern, auf einer leeren Straße. In der Ferne stehen Bäume mit einem Kirchturm, der sie überragt. Seine Eltern.

»Das ist in Purmer«, sagt er. »Bis jetzt bin ich hin- und hergereist.«

Jetzt verstehe ich, warum er mich hereingebeten hat. Er wohnt zum ersten Mal allein irgendwo. Ich schäme mich für meine Grobheit, aber es ist zu spät.

Er betrachtet die Eierschachtel, die gemütlich auf meinem Schoß liegt. »Willst du ein Omelett backen?«

Ich nicke.

»Farbe ist teuer.«

Er weiß natürlich, dass Ma nicht mit Geld umgehen ka
Bestimmt steht das in dem Kapitel mit den Sympto
Zwei zu eins für den Nachbarn. Bestimmt bekommt
»Sehr gut« bei seiner Klausur. Plötzlich fühle ich mic
und dumm.

Ich trinke meinen Tee aus und stehe auf.

Er bringt mich zur Tür. Er fragt nicht, ob ich n
komme. Er streckt mir nur die Hand hin. Und
mit meiner Eierschachtel die Treppe hinunte
ich, wie sicher ich mich plötzlich fühle.

Wenn Ma ihm weiterhin lästig fällt, w
gründlich vorknöpfen. Denn ich finde es s
hier wohnt. Ein Mann im Haus. Geborge

liegt. »Ihr bekommt Noten für dieses Theaterprojekt, deshalb muss ich eine Anwesenheitsliste führen. Sagt eure Namen, ich kenne euch noch nicht.«

Ein großer, dicker Junge steht grinsend auf und deutet auf seine bedruckte Brust. »No Sweat«, sagt er. »No Sweat, Nachname Schipper.«

Der Witz bringt noch einen »Pepsi« Boersma und eine »Love« Gerritsen hervor, ein dünnes, bebrilltes Mädchen in einem ausgeleierten, rosafarbenen Pulli mit den Buchstaben *Love* darauf, in einem Kreis von goldenen Herzchen.

Die übrigen Akteure tragen leider Gottes unbedruckte Kleidungsstücke, und es gelingt ihnen nicht, sich in der Eile etwas Witzigeres auszudenken als ihre eigenen Namen, Jan Piet und Klaas, Achmed, Shirley oder Nadia. Zehn Knirpse sind es, alles in allem.

Die Mädchen vom Orchester werfen ihnen hochnäsige Blicke zu und gerade deshalb schließe ich die kleinen Ratten ins Herz.

»Ihr seid die Kinder«, sagt Iwan.

No Sweat grunzt beleidigt.

»Ihr seid auch die Ratten«, sagt Iwan. »Ihr bekommt Rattenkostüme mit einem langen Schwanz, und wenn euch das nicht gefällt, könnt ihr jetzt noch abspringen.« Lächelnd schaut er das Häufchen an, mit einer kühlen Drohung in den großen, blauen Augen. »Beim Handarbeitsprojekt von Frau Miedema und bei der Volkstanzgruppe ist noch was frei.«

Alle bleiben auf ihrem Platz sitzen. No Sweat hebt seinen

dicken Hintern ein bisschen an und wedelt darunter mit seiner Hand, als wäre sie ein Schwanz.

Iwan rollt die Turngeräte mitten in den Saal und verankert sie. Danach schiebt er den Vorhang von der Sprossenwand. Wenn wir auch noch anfangen zu turnen, können sie meinen Namen gleich durchstreichen.

Er klatscht in seine molligen Hände. »Ratten antreten!« Und zu mir sagt er: »Bring sie auf Trab!«

»Wie soll ich sie auf Trab bringen?«, frage ich und reibe mir die Hände.

»Spiel irgendetwas, egal was.«

Ich stimme *Für Elise* an.

Iwan seufzt. »Nein, das gerade nicht.«

»Sie haben ›egal was‹ gesagt.«

Er rennt mit seinen kurzen Beinen auf mich zu, haut in die Tasten und singt: »Egal was, egal was, egal was, *Für Elise* ist kein Rattenspaß.«

Schon ist er wieder weg.

»Das ist Diskriminierung von Tieren«, sagt Hakim.

Ich habe gut aufgepasst und spiele die Tonfolge nach.

Iwan hat mich vergessen. Er hat den Neuen die Geschichte von Hameln erzählt und jetzt lässt er die Ratten die Sprossenwand hochklettern, über den Bock springen und an den Ringen schwingen. No Sweat hoppelt ein bisschen unglücklich mit.

Ich plage mich am Klavier ab. Rattenmusik spielen, dafür hat mich Frau Schreiner nicht unterrichtet. Und das alles nur, weil Hakim mich nach der Schule sehen will.

Er hat es einfach, er sitzt gemütlich am Rand. Silvester lebt sich an seinem Schlagzeug aus und die Mädchen vom Orchester studieren ihre Noten. Marie-Louise und Derk Jan betrachten hingebungsvoll ihre Instrumente. Er ihres und sie seines.

Ich kenne nur ein Lied, in dem Ratten vorkommen. Es ist auf einer von meinen alten Bob-Dylan-Platten. *The Ballad of Hollis Brown*. Hollis Brown schoss seine Frau und fünf Kinder tot, weil sie nichts mehr zu essen hatten.

Wenn Ma einen Tag Heulen auf dem Programm stehen hat, spielt sie die Nummer zehnmal hintereinander ab.

Ich klimpere die Melodie mit der rechten Hand. Nach einer Weile habe ich eine bequeme Tonart dafür gefunden, aber ich brauche noch ein bisschen was für die linke Hand. Als ich hochschaue, sehe ich, dass die Ratten nicht mehr rennen und Iwan keine Anordnungen mehr gibt. Alle starren mich an.

Schnell schalte ich wieder auf Iwans Melodie um, aber er schüttelt den Kopf. »Was hast du da gespielt?«

»Ich war einen Moment nicht da. Tut mir Leid.«

Er schlägt sich mit der Faust auf die Hand. »Ich hab's!«

Wanja hebt den Kopf, schaut sich um, als suche er nach einem Knochen, runzelt enttäuscht die Augenbrauen und legt den Kopf wieder hin. Iwan kommt zum Piano und spielt mir die Melodie von Hollis Brown vor.

»Schau, das sind die Akkorde. Und jetzt du!« Ich mache es ihm nach. Ich verstehe nicht genau, was er tut, aber ich habe ein gutes Gedächtnis. Er stellt sich neben das Klavier und singt mit rauer Stimme:

»Die Ratten fressen dein Mehl
und dein alter Gaul ist ganz schwach,
kümmert das denn keinen hier,
sieht das denn keiner? Ach!«

Silvester wirft einen Unheil verkündenden Trommelwirbel hinterher und die Damen des Orchesters klatschen für Iwan.

»Das wird das Eröffnungslied«, sagt Iwan zufrieden. »Ein grauer Raum, in dem alles aufgegessen und abgenagt ist. Der totale Kahlschlag. Danke, Lori, das hast du gut empfunden.«

Wir können gehen.

»Schau, Krummer«, sagt Hakim. »Manche Leute haben ein musikalisches Talent, so wie Lori. Und andere quälen nur ihr Instrument, so wie du.«

»Immer noch besser als Playback, Hakim«, sagt Silvester. Sie sind wieder dicke Freunde.

6

Auch die Bäume im Park machen auf Kahlschlag. Sie lassen das Zeug einfach fallen. Da und dort hängt noch ein braunes, gelbes oder rotes Blatt, aber lang wird das auch nicht mehr dauern.

Nur die fanatischsten Skater wagen sich auf die glitschige, blätterbedeckte Fahrbahn. Und die Touristen sind alle weg. Darum kann ich auf meinem wiederhergestellten Fahrrad sehr schnell fahren.

Mitte Oktober hat der Geldautomat mir mit »Ja« geantwortet. Vielleicht war das Kindergeld gekommen.

»Soll ich's gleich ganz herrichten, Lori?«, hat Fred gefragt. »Deine Sicherheit ist wichtiger als alles, Mädchen.« Er klopfte mir auf die Schulter. Seine Hände waren schwarz von Öl und Dreck. Der Dreck war schon für immer und ewig unter seine Haut gekrochen. Fred betrachtete mich sorgenvoll und berechnete mir einen lächerlich niedrigen Betrag. Aber von ihm konnte ich es annehmen.

Ich habe eine Schwäche für Leute, die etwas reparieren können, für Sockenstopfer, Puppendoktoren, die ganze Branche.

Nun habe ich neue Räder mit glänzenden Reflektoren. Die Bremse und die Gänge funktionieren wieder, wie es sich gehört. Die Klingel geht auch, also brauche ich mir nicht mehr fluchend einen Weg durch die Leute zu bahnen.

Ich fahre so schnell, dass ich außer Atem bin, als ich das Rad unterstelle. Die beiden Treppen fallen mir schwer. Und als ich in der Wohnung bin, weiß ich nicht mehr, warum ich mich so beeilt habe.

Sie liegt auf dem Sofa im Wohnzimmer und das Rollo ist heruntergelassen.

»Ach, du bist es«, sagt sie. Nein, es ist der Nikolaus. Dieser Art Kinderfreund, der einem statt Süßigkeiten Orangen in den Stiefel füllt, weil die gesund sind, scheine ich jedenfalls ähnlich zu sehen, ihrer Stimme nach zu urteilen. Aber ich bin froh, dass sie mit mir spricht.

Nun liegt sie wieder da und starrt an die Decke. Im Halbdunkel kann man nicht mal sehen, dass sie ganz himmelblau ist.

»Kann ich etwas tun?«, frage ich.

»Was kannst du denn überhaupt?«

Wie froh ich bin, dass sie mit mir spricht. Sie trifft den Nagel auf den Kopf. Ich kann nichts tun. Trotzdem fange ich sofort damit an.

Ich werfe die vergammelten Algen und das andere Zeug aus dem Kühlschrank. Das will sie jetzt nicht mehr. Ich koche einen Topf Reis, zur Sicherheit. Sie wird nicht davon essen, wenn ich ihn ihr anbiete, aber nach einer Weile wird der Topf dann doch leer geworden sein.

Ich mache meine Hausaufgaben und esse ein paar Butterbrote, sonst fällt mir nichts ein.

Von unten dringen die dumpfen Töne eines Fernsehers herauf. Die Werbung vor der *Tagesschau*. Das bringt mich auf eine Idee. Ich bin an der Reihe, in der Schule ein Thema aus den Nachrichten zu behandeln. Alle sind schon dran gewesen und mir ist keine Ausrede mehr eingefallen. Ich habe mich nicht getraut zu sagen, dass wir keinen Fernseher haben. Die Toleranz meiner Klassenkameraden hat eine Grenze.

Ich nehme den Schlüssel und laufe die Treppe hinunter. Als ich vor der Tür stehe, habe ich Herzklopfen. Jedes Mal wenn ich die Treppe hinauf- oder hinuntergehe, hoffe ich, dass sich die Tür öffnet, aber es passiert nie. Und bis jetzt war ich zu schüchtern, um zu klingeln.

»Ich hoffe, dass ich nicht störe«, sage ich so höflich wie möglich, als er die Tür aufmacht.

»Du bist immer willkommen.«

Erst erschrecke ich. So viel Herzlichkeit habe ich nicht verlangt. Aber auf einmal bin ich froh.

»Darf ich bei Ihnen mal die *Tagesschau* sehen?«, frage ich.

»Bei dir«, schlägt er vor.

»Nein, bei Ihnen«, sage ich erschrocken. »Wir haben keinen Fernseher, wissen Sie noch?«

»Ich meine, du sollst du sagen. Und Mark.«

Mark.

»Die *Tagesschau* hat schon angefangen. Der Tee kommt gleich.«

Ich finde mein Thema für den Unterricht sofort. Im ehemaligen Ostblock gibt es Banden, die Kinder aus Waisenhäusern entführen. Sie lassen sie in Deutschland und in den skandinavischen Ländern betteln. Sie bringen sie auch in Bordelle, aber darüber werde ich zu den Kleinkindern in unserer Klasse nichts sagen.

Ich könnte aus *Heimatlos* vorlesen. Das Kapitel, in dem Remi gezwungen wird zu betteln. Oder wird es dann zu kindisch? Auf dem Seil zu tanzen ist leichter, als bei uns ein Referat zu halten. Doch das Thema ist gut, und niemand wird merken, dass wir nicht mal einen Fernseher haben. Sehr zufrieden mit mir trinke ich meinen Tee.

»Ein bisschen still oben?«, fragt Mark.

»Nein, nein. Ich musste nur unbedingt die *Tagesschau* sehen, für die Schule.«

Er geht mir nicht auf den Leim. »Es läuft nicht so gut, oder?«

Am liebsten würde ich aufspringen und weglaufen, aber der Tee ist noch heiß. Misstrauisch schaue ich zu ihm hin. Sein Blick ist freundlich und überhaupt nicht neugierig.

Ich spüre, wie meine Augen brennen. Schnell richte ich mich auf und beschimpfe mich selbst. Gerade ist es mir noch eingefallen. Sein Studium.

»Sie werden bestimmt ein sehr guter Psychologe«, sage ich halb im Spaß. »Aber Sie … ich meine, du … du brauchst nicht mit mir zu üben.«

Er lacht nicht. Seine Augen sehen eigentlich ein bisschen traurig aus. Liegt das an den langen Wimpern?

»Ich muss jetzt arbeiten«, sagt er ernst.

Als ich oben in meinem kalten Zimmer sitze, den Ofen

nicht ankriege und *Heimatlos* nicht finden kann, tut mir mein großes Mundwerk Leid.

Ich hätte unten in der warmen Stube sitzen und einer menschlichen Stimme lauschen können. Ich hätte von der Schule oder von der geplanten musikalischen Aufführung erzählen können, von Hakim und Silvester. Und vor allem hätte ich, mit einer weiteren Tasse heißem Tee in beiden Händen, Antwort auf seine Fragen geben können. Ich hätte ihm in die grauen Augen schauen und sagen können: »Nein, es läuft nicht so gut.«

Natürlich geht es mir hervorragend. Jeder hat mal schlechte Laune. Jetzt bin ich wieder jeden Tag in einer Superstimmung. Tim hat ein Telegramm geschickt. Er hat eine unerwartete Zwischenlandung in Amsterdam.

Ich warte an meiner gewohnten Stelle. Heute ist er rechtzeitig da. Er hat jemanden bei sich. Das passiert öfter mal, meist ist es ein Geschäftsfreund oder ein Arbeitskollege. »Mal schnell meine große Tochter vorführen«, sagt er dann. In solchen Momenten merke ich, dass er trotz allem stolz auf mich ist.

Diesmal ist es eine Frau. Sie ist klein und sieht rundlich aus, aber das kann auch an ihrer Pelzjacke liegen. Ich hoffe, dass der Pelz eine Imitation ist, kein Seehund.

Sie trippelt neben ihm her wie eine Polbewohnerin, die sich im Dschungel verirrt hat.

Weil sie dabei ist, kostet es mich keine Mühe, mich zurückzuhalten. Ich gebe ihm einen beherrschten Kuss und schüttle dem Seehund die Hand.

»Ola«, sagt sie.

»Ola«, antworte ich höflich. Ich bin nie abgeneigt, eine Fremdsprache zu lernen. Leider bleibt es bei diesem einen Wort, denn Tim spricht englisch mit ihr.

Sie mischt sich nicht in unser Gespräch und trinkt freundlich lächelnd ihren Kaffee, während ich von dem Musical erzähle und versuche, so unterhaltend und fröhlich wie möglich zu sein.

Tim ist froh, dass ich in einem Musical Klavier spielen werde und dass meine Noten gut sind. Das bedeutet, dass mit mir alles in Ordnung ist.

Er gibt mir auch ein Geschenk. Es ist eine schöne Lackschatulle mit verschiedenen Fächern und einem geheimen doppelten Boden.

»Für Schmuck«, sagt Tim.

»Den musst du mir dann aber erst mal schenken«, sage ich und er lacht.

Unser Abschied ist fröhlicher als beim letzten Mal. Ich winke ihm nach, als er mit der Frau durch die Kontrolle geht, und rufe ihr ein herzliches »Ola!« nach.

7

Iwan hat in den paar Wochen ein ganz neues Stück geschrieben, mit zeitgenössischer Musik, statt des antiken Melodrams von Derksen. »Ich habe es ein bisschen angepasst«, nennt er das.

Nur das Ende, damit kommt er nicht klar. Sollen die Kinder nach Hameln zurückkehren oder für immer verschwinden? Und ist der Rattenfänger ein guter oder ein schlechter Mensch? Wir setzen uns hin, um darüber zu diskutieren. No Sweat teilt Bonbons aus.

»Er ist ein gemeiner Kinderverführer«, sagt Madelon hitzig. Sie sieht ein bisschen verzückt aus, als sie dieses Wort ausspricht. Ich habe sie im Verdacht, dass sie heimlich abends in ihrem Zimmer Horrorfilme anschaut, weil sie sich zu Tode langweilt. Eine Fliege in der Marmelade ist bestimmt das Gefährlichste, was ihr je passiert ist. Sie hat sogar ein Handy bei sich, um ihre Mami anzurufen, wenn sie über einen Kieselstein stolpert.

»Wenn die Ratten dem Spielmann folgen, kann er nicht schlecht sein«, sagt Silvester. Er glaubt an das Gute in der Natur. Der Baum vergibt dem Holzfäller, Pferde lügen nicht. Ich halte mein Lachen zurück, denn ich sehe, dass er es ernst meint.

»Und was ist mit den unschuldigen Kindern?«, fragt Madelon.

»Die Kinder sind nicht unschuldig«, sagt Silvester. Er steigt wieder ein bisschen in meiner Achtung.

»Sie lassen ihre Eltern doch freiwillig im Stich, oder?«, sagt er. »Diesen Unsinn mit einer Zauberflöte glaubt doch niemand. Sie laufen dem Spielmann hinterher, um etwas von der Welt zu sehen.« Seine Stimme klingt ungewohnt hart. »Um weiterzukommen. Sie wollen nicht in diesem hinterwäldlerischen Hameln hängen bleiben.« Er schaut in die Ferne, zu seinem Hameln, wo man keine Jacke braucht, weil eine tropische Sonne scheint.

»Du kannst es den Kindern doch nicht übel nehmen, dass sie weggehen«, sage ich leise.

»Der Rattenfänger gibt ihnen Drogen«, murmelt Madelon begierig.

Wir stöhnen alle vor Langeweile.

»Ich würde sofort mitgehen«, sagt Pepsi. »Wenn ich ein Motorrad von ihm bekäme.«

Die Orientierungsstufler lachen ihn aus. »Wenn du alt genug wärst für ein Motorrad«, sagt No Sweat, »würde der Kinderfänger dich nicht mehr wollen.«

»Wenn mein Vater mich einfach einem Fremden versprechen würde«, sagt Nadia, »dann würde ich auch weglaufen.«

»Kinder sind immer die Dummen«, fasst Ajax die Diskussion zusammen.

Für Hakim ist die Sache klar. »Der Spielmann, das ist meine Rolle, okay?«, sagt er zu Iwan.

»Okay«, sagt Iwan.

»Die Kinder werden von meinem unwiderstehlichen Charme mitgelockt.«

Es wird totenstill. Sogar Hakim merkt es. »Ja, ist doch so, oder?«, sagt er ein bisschen unsicher.

»Eine großartige Idee!«, sagt Iwan. Sein Gefühl für Schönheit muss einmal einen ordentlichen Knacks abbekommen haben. Man braucht nur dieses missgestaltete Hündchen zu betrachten. Iwans ästhetisches Empfinden erschöpft sich in seinem musikalischen Gehör.

»Du siehst aus wie ein Popstar«, sagt er begeistert zu Hakim. »Oder wie ein populärer Schauspieler. Aus einer Soap. Und die Kinder von Hameln sind deine Fans. Sie folgen dir, wohin du gehst.«

Der Plan bekommt Beifall. Ich habe Iwan mal wieder unterschätzt.

Und dann ist es Zeit, um sich an die Arbeit zu machen. Silvester wird zur Oberratte ernannt und er trainiert sein Rudel wie ein ausgelernter Ballettmeister. Nur No Sweat sitzt mit einem weißen Gesicht am Rand und schaut zu. Bestimmt hat er zu viele Süßigkeiten gefuttert.

Ich laviere mich durch mit der Musik. Wenn das Orchester mal rauskommt oder wenn die Spieler zu spät einsetzen, muss ich das Loch stopfen. »Du bist der Eckstein«, sagt Iwan immer wieder. Ich sehe mich eher als Backstein.

»Improvisieren kann man lernen.« Das klingt ein bisschen widersprüchlich, als müsste man Unterricht bekommen, um mit Puppen spielen zu können. Aber widersprüchlich oder nicht, es stimmt.

Ich fange mit einer Melodie an, die ich im Kopf habe. Dann suche ich Akkorde dazu. Manchmal klingt es falsch, dann fange ich von vorn an.

Die ganzen Herbstferien habe ich auf dem Dachboden gesessen und mich am Klavier gequält. Und jetzt geht es immer besser. Manchmal erwische ich mich selbst dabei, dass ich anfange, es schön zu finden.

Ich danke dem Himmel, dass Frau Schreiner weit weg ist. Manchmal habe ich Angst, dass sie mich quer durch den Erdball hindurch »klimpern« hören kann.

Ich arbeite so viel, dass ich Tims überfälligen Brief gar nicht vermisse. Meist schreibt er jede Woche einen.

In seinen Briefen steht nichts Besonderes. *Ich werde dich nicht mit einer Beschreibung dieser Stadt langweilen*, schreibt er zum Beispiel. *Du sollst sie dir lieber selbst mal anschauen. Wer weiß, vielleicht zusammen mit mir.*

Auch an die Menschen, die er trifft, möchte er seine Tinte nicht verschwenden. Wenn sie nett sind, solle ich sie lieber selbst treffen, und wenn nicht, brauche er auch nichts über sie zu schreiben.

Es ist kein Wunder, dass seine Briefe kurz sind. Aber ich freue mich trotzdem immer auf sie.

Gerade war ein Brief von ihm im Kasten, der war allerdings für Mama. Ganz selten schreibt er an sie, um bestimmte Angelegenheiten zu regeln, Ferien, Geld, Klavierstunden und Dinge, die mit der Schule zu tun haben.

Der Brief für mich ist nicht gekommen. Es ist schon November, und meist beginnen er und ich um diese Zeit, Pläne für die Weihnachtsferien zu machen.

Letztes Jahr waren wir Ski fahren. Das kann er gut. Ich bekam Skiunterricht und mühte mich durch den Schnee und abends tat mir alles weh. Es war kein Traumurlaub, aber alles ist besser, als zu Hause zu bleiben. Ich hoffe, dass er sich dieses Jahr etwas Wärmeres überlegt.

In der Dachkammer ist es auch kalt. Meine Finger sind steif. Ich laufe hinunter und stelle Tee auf. Ma sitzt am Esstisch und starrt vor sich hin. Sie reibt nur ihre Hände aneinander. Die linke über die rechte, die rechte über die linke und dann wieder von vorn.

Ich hole zwei Tassen aus dem Schrank. »Willst du auch Tee?«, frage ich aus Gewohnheit und bringe die Tassen in die Küche. Ich fummle die letzten klebrig-feuchten Teeblätter aus der Dose. Das ist eine Sache, die ich hasse, aber Teebeutel sind teuer.

Der Tee reicht nicht. Ich mache das Gas aus und gehe zum Wohnzimmer, um die EC-Karte aus dem Geldbeutel zu nehmen.

Der Geldbeutel liegt unter dem Nähkasten. Ich weiß nicht, warum ich den Deckel vom Nähkasten hochhebe. Auf den Garnrollen liegt ein ungeöffneter Brief mit meinem Namen darauf. Der Absender ist Tim.

Ich drehe den Brief in der Hand herum. Sie hat ihn aus dem Briefkasten geholt und hier versteckt. Warum? Das hat sie noch nie getan. Laut Poststempel ist er eine Woche alt.

Ich nehme die EC-Karte und gehe in mein Zimmer. Ich schaue sie nicht an, als ich am Esstisch vorbeikomme.

Der Brief ist noch kürzer als die anderen. Tim hat eine Freundin. Ulla heißt sie.

Ich hoffe, dass du dich für mich freust, schreibt er. *Ich bin jedenfalls sehr froh. Sie ist sehr schön und sehr lieb, das hast du ja gesehen*. Mir werden noch weitere gute Eigenschaften von Ulla aufgezählt und dann kommt es: *An Weihnachten bin ich ein paar Tage in den Niederlanden, aber ich fürchte, dieses Jahr wird nichts aus einem gemeinsamen Urlaub mit dir. Ich kann mir nicht so viele Tage freinehmen und Ulla und ich wollen eine Woche zusammen wegfahren*.

Ich werfe den Brief auf mein Bett und renne ins Wohnzimmer. »Warum versteckst du meine Post?«, schnauze ich sie an.

Es ist, als würde ich mit einem Laternenpfahl sprechen.

Ich gehe in die Stadt. Ich kaufe mir noch eine Hose und eine Winterjacke, schöne, warme Schuhe und genug Kartoffeln und Gemüse, dass es für eine ganze Woche Eintopf reicht. Oma hat immer gesagt, das sei das billigste Essen.

Als ich wieder zu Hause bin, mache ich den Eintopf und esse einen ganzen Teller voll. Ich räume mein Zimmer auf, sauge im Flur und in der Dachkammer Staub und bin immer noch nicht müde. Mein Kopf ist wie ein Karussell, auf dem Tim, Ma, Ulla und noch ein paar andere große Ratten fröhliche Runden drehen.

Ich renne in der Dunkelheit dreimal um den Block, aber es hilft nichts. Als ich vor der Haustür stehe und auf die kahle

Stelle schaue, an der vorher unser Namensschild war, habe ich keine Lust hineinzugehen. Ich setze mich in den kalten Eingang, um streng mit mir selbst zu sprechen.

Es ist doch überhaupt nichts los. Andere Väter fahren auch nicht jede Weihnachtsferien mit ihren Töchtern weg. Ich langweile mich einfach, weil ich zu alt bin für Barbiepuppen und zu jung für Spielcasinos.

Trotzdem will ich nicht hinein. Ich möchte, dass mir jemand Tee kocht und mir zuhört und mich anschaut, wie es die Leute in Büchern tun. Und in Märchen.

Lapsang Souchong. Der Tee riecht nach Räucheraal, aber er schmeckt lecker. Ich bekomme sogar einen Keks dazu. Der Ofen ist voll aufgedreht. Mark hat Geigenmusik aufgelegt.

Er sitzt mir gegenüber, an seinem Arbeitstisch, und schaut mich aufmerksam an.

Wenn er nur keine sprühende Konversation von mir verlangt. Ich bin nur noch müde und leer. Ich möchte nur dasitzen und Tee trinken und über dies und jenes sprechen. Über sehr viel dies und jenes.

»Hast du noch nie daran gedacht, in eine Pflegefamilie zu gehen?«, fragt Mark.

Das ist nicht meine Vorstellung von dies und jenes.

Ich rutsche hin und her. Ein Stück nach links: Das geht dich einen Dreck an. Ein Stück nach rechts: Ich möchte doch so gern, dass mir jemand ein bisschen zuhört.

Er hat es nicht eilig. Er trinkt ruhig seinen Tee und schaut mich mit warmen, grauen Augen an. Im Sommer, wenn Frau

Schreiner zurückkommt, geht er wieder weg. Er ist nur ein zufälliger Passant.

»Als meine Oma noch gelebt hat, war ich sehr oft bei ihr«, sage ich. »Aber ich konnte nicht bei ihr schlafen.«

Es bleibt still. Ich bin nicht daran gewöhnt, über mich selbst zu sprechen. Mark schaut mich nur an.

»Ich bin zweimal bei anderen Leuten gewesen«, sage ich. »Als meine Mutter im Krankenhaus war. Das erste Mal war ich in einer Pfarrersfamilie. Ich erinnere mich jedenfalls, dass der Mann ab und zu ein schwarzes Gewand anhatte.«

Ich schweige, um Mark die Möglichkeit zu geben, etwas zu sagen, aber er sagt nichts. Es ist unglaublich, was alles in einem hochkommt, wenn einem jemand zuhört.

»Ich war ziemlich eklig und ich habe den ganzen Tag geschrien. Er hat mich geschlagen. Nicht sehr fest, glaube ich, aber es hat genützt. Je früher man sich das Heulen abgewöhnt, umso besser.«

Mark schüttelt den Kopf ein paar Mal und setzt sich neben mich auf das Sofa, mit dem Gesicht zu mir. Er sagt noch immer nichts und er gähnt auch nicht.

»Das zweite Mal war ich bei einer allein stehenden Frau. Das hat mir gut gefallen, nach dem Pfarrer.«

»War sie nett?«, fragt Mark. Seine Stimme ist weich.

»Ja«, sage ich. »Wenn ich aus der Schule kam, hatte sie Pfannkuchen für mich gebacken oder es gab Kakao mit Spekulatius. Ich habe sie ›Tante‹ genannt. Tante Elsa.«

Sie kochte Tee für mich und hörte mir zu, genau wie Mark, aber das sage ich nicht. Ich versinke langsam in der

Zeit. Mark stört mich nicht. Vielleicht lauscht er ja auf die Musik.

Ich wäre gern für immer bei Tante Elsa geblieben. Nur abends, im Bett, bekam ich Heimweh. Ich erholte mich so gut, dass ich in der Klasse sogar Freundinnen fand. Es war eine andere Schule als die, in die ich vorher gegangen war, sie wussten nichts von mir, das hat mir geholfen.

Ayfer war meine beste Freundin. Ich habe sie nie besucht, aber sie wohnte auf halber Strecke zwischen meiner Schule und meinem vorübergehenden Zuhause und um halb vier ging ich mit ihr mit und spielte draußen auf der Straße mit ihr.

Tante Elsa hat das nicht gefallen. Sie sagte, sie mache sich Sorgen. Ich wusste nicht genau, was sie meinte, aber es klang witzig. Sie kam und holte mich nach der Schule ab – und das fand ich nicht mehr witzig. Niemand aus meiner Klasse wurde von der Schule abgeholt.

Ich bat sie, damit aufzuhören. »Sonst gehe ich zurück nach Hause«, sagte ich.

Das erschreckte sie und das war auch meine Absicht gewesen. Ich glaubte, auf mich würde man nur hören, wenn ich drohte.

Sie holte mich nicht mehr ab, aber wenn ich kurz vor dem Essen müde nach Hause kam, war sie eklig zu mir. Pfannkuchen gab es auch keine mehr.

»Wenn es dir bei Ayfer so gut gefällt, dann iss doch dort Pfannkuchen«, sagte sie. »Ich sehe dich nie, dafür habe ich dich nicht bei mir aufgenommen.«

Da wurde mir klar, dass sie es nicht für mich getan hatte. Warum sollte sie auch? Sie kannte mich nicht mal. Sie wollte einfach jemanden um sich haben. Sie hätte sich besser eine Katze genommen.

Einige Zeit später ging ich zurück nach Hause. Ma ging es besser. Nicht besser im Sinn von aus und vorbei, eher besser im Sinn von weniger schlecht.

»Ich hatte einen Einbruch«, sagte sie zu mir. »Aber jetzt ist es vorbei. Ich suche mir eine Arbeit und verdiene Geld und dann machen wir dir ein schönes, neues Zimmer.«

Ich musste zurück zu meiner alten Schule und ich vermisste Ayfer.

Aber ich war froh, dass ich zu Hause war, auch wenn aus dem Arbeitsuchen nichts wurde, auch nicht aus dem neuen Zimmer.

»Was auf dem Teller liegt, musst du essen«, sagte Oma immer. »Du kannst es stehen lassen, aber etwas anderes bekommst du nicht.«

»Ich wohne hier«, sage ich zu Mark und drehe den Kopf zur Seite.

Er nickt. Ich denke, er begreift, was ich meine. Er lächelt mich so lieb an, dass ich ein bisschen zittrig davon werde.

Er nimmt meine Hand und hält sie fest. Wärme strömt aus seiner Hand in meine und die Glut zieht durch meine Arme und Schultern in meinen Kopf.

Plötzlich fühle ich, wie steif ich bin, wie verkrampft meine Nackenmuskeln meinen Kopf aufrecht halten. Mein Kinn sackt auf meine Brust und die ersten Tropfen fangen an zu fallen.

Mark wischt sie mit seiner anderen Hand weg. Und da platze ich erst wirklich. Meine Schultern werden geschüttelt, mein Hals tut weh und ein Geräusch kommt heraus. Ein sehr lautes Geräusch. Ich schreie. Ich weiß nicht, warum. Vielleicht sind es einfach meine Muskeln, die schlaff werden. Mark dreht mich zu sich und legt seine Arme um mich.

Ich weine an seiner Schulter. Rotz landet auf seinem Pulli, aber daran ist er selbst schuld. Ich bin abgetaucht in meine Höhle und zwischen den Schluchzern atme ich den Geruch von sauberem Schweiß und Aftershave.

Eine alte, tief versunkene Erinnerung schwimmt mit den Tränen in mir hoch. Ich war allein zu Hause, mit Ma, und hatte Lust auf ein Butterbrot. Sie lag auf dem Bett und hörte mich nicht. Ich zog sie am Arm und an ihrer Nase, aber nichts half. Sie lag nur da und starrte vor sich hin.

Ich kletterte auf einen Stuhl und nahm den Telefonhörer. Ich drehte ganz viel an der Wählscheibe, aber Tims Stimme kam nicht aus den kleinen Löchern.

Schließlich zog ich meine Jacke an und setzte mich unten auf die Treppe.

Als Tim von der Arbeit kam, kauerte er sich zu mir. »Deine Jacke ist schief«, sagte er und knöpfte sie auf.

»Sie tut es nicht mehr«, sagte ich.

»Was, Püppchen?«

»Ma tut es nicht mehr. Du musst dafür sorgen, dass sie wieder geht.«

Er hob mich hoch und trug mich hinauf. Er konnte nicht

dafür sorgen, dass sie wieder ging. Und nicht lange danach ging er weg.

Ich stoße noch ein paar Schluchzer aus und spüre Marks warmen Atem in meinen Haaren. Sein Pulli riecht so süß. Wo seine Hände auf meinem Rücken liegen, dringt Wärme tief in meine Haut, als säße ich in der Sonne. Wenn ich noch länger sitzen bleibe, fange ich an zu spinnen.

Ich mache mich mühsam los, stehe auf und gehe aus der Tür. Ich bin zu verlegen, um ihn anzuschauen, und ich verabschiede mich auch nicht. Als ich in meinem Zimmer bin, werfe ich mich aufs Bett und schlafe sofort ein.

8

Wie schön der November sein kann. Die Sonne scheint mild und es ist fast warm. Beim Radfahren mache ich meine Jacke auf.

Es sind tatsächlich wieder Skater auf der Straße. Wie fröhlich sie aussehen, mit ihren bunten Schals und den Hand- und Knieschützern und mit ihren tapfer rollenden Rädern. Vielleicht wünsche ich mir Skates zum Nikolaus, alles ist möglich.

Tim kommt an Weihnachten ein paar Tage her, das ist das Wichtigste. Außerdem waren die Skiferien mit ihm bisher sowieso nicht so toll. Ich freue mich für ihn, dass er eine Freundin hat.

Silvester sieht seine Eltern das ganze Jahr nicht, bis zu den Sommerferien, aber er klagt nie. Und heute Nachmittag hat Iwan mir geholfen zu improvisieren. Er hat mir *Das ABC der Musiklehre* geliehen, für zu Hause, und hat sich neben mich ans Klavier gesetzt. Er roch nach saurem Schweiß und Hundehaaren.

Sonst war niemand im Turnsaal, und wäre Wanja nicht da gewesen, hätte ich mich unbehaglich gefühlt.

»Du musst dich mehr trauen«, hat Iwan gesagt. »Dich gehen lassen. Du wagst es nicht, den Waldweg zu verlassen, um Blumen zu pflücken. Aber es gibt keinen Wolf.«

Ich glaube ihm. Heute glaube ich alles und jedem.

Wir haben eine ganze Weile geübt.

»In den Weihnachtsferien üben wir weiter«, sagte Iwan. »So können wir noch ein bisschen daran arbeiten.«

Das bedeutet, dass ich nicht immer zu Hause rumsitzen muss. Obwohl es da eigentlich genug zu tun gäbe. Die Wohnung muss dringend geputzt werden, ich muss die blaue Farbe von meinem Foto entfernen und mit dem Klavierüben könnte ich auch schon anfangen. Ich werde einen Ofen in die Dachkammer bringen. Was für gute Pläne. Alle schlechten Säfte sind mit den Tränen aus mir herausgeströmt.

Ich pfeife eine Melodie aus dem Musical und radle im Zickzack über den Schotterweg. Wie schön es ist, nach Hause zu fahren, wenn jemand auf einen wartet. Na ja, vielleicht wartet Mark nicht wirklich auf mich, aber er ist bestimmt froh, wenn er mich sieht.

Ob ich in ihn verliebt bin? Wenn ich an ihn denke, fühle ich mich so frei und fröhlich. Woran merkt man eigentlich, ob man verliebt ist? So etwas sollten wir mal in der Schule lernen. Die erste Stunde Geographie. Zeige die Liebe auf einer blinden Karte. Dann Geometrie. Berechne den Winkel zwischen deinen Gefühlen und deinem Verstand. Dritte Stunde Biologie. Pflücke Blumen und bestimme dein Herz. Ich weiß, dass die Schule mir nicht weiterhelfen wird, aber das macht nichts. Mir geht es gut.

Als Krönung des Tages liegt auf dem Tisch im Flur ein Brief von Tim. Ich mache ihn nicht sofort auf. Ich schaue durch die Wohnzimmertür. Sie liegt auf dem Sofa und betrachtet die Zimmerdecke. Vielleicht überlegt sie sich eine neue Farbe für die Wohnung.

Ich bringe ihr eine Tasse Tee. Kekse gibt es nicht. Schmalhans ist Küchenmeister in diesem Monat. Mir ist das egal. Ich gehe mit einem vollen Becher Tee in mein Zimmer, schüttle die Kissen auf und setze mich mit untergeschlagenen Beinen aufs Bett.

Tim ist erstaunt, dass ich nicht geantwortet habe. Sein Büro schickt ihm die Post sofort nach und immer ist ein Brief von mir dabei, jetzt aber seit zwei Wochen nicht. Er ist ein wenig beunruhigt. Klappt alles mit dem Stadionweg?

Dann kommt eine Aufzählung der Orte, die er mir nicht beschreiben wird, und der Leute, über die er nicht redet. Kein Wort über Ulla. Vielleicht ist es schon vorbei, das wäre schade für ihn.

Eine Seite weiter taucht sie doch auf. *Im Büro ist schrecklich viel zu tun*, schreibt er. *Die eine Woche mit Ulla muss ich mit meinem eigenen Blut verteidigen, aber es ist absolut nötig, dass wir uns eine Weile in Ruhe sehen können.*

Armer Pa. Er muss so viel arbeiten und Geld verdienen für eine Ex-Frau, der alles durch die Finger rinnt, und eine Tochter, die einfach immer weiter wächst. Mein Herz sehnt sich nach ihm.

Bei der Frage, ob mit der Schule alles gut geht, weiß ich, dass ich am Schluss des Briefs angekommen bin. Damit hört er immer auf und dann kommen noch herzliche Grüße und ein handschriftliches *Tim* mit Schnörkelbuchstaben und einem Strich unter dem m. Manchmal vergisst er die Unterschrift, aber diesmal nicht. Es folgt ein PS.

PS: Ich fürchte, dass wir diese Weihnachten überspringen müssen. Ich komme überhaupt nicht in die Niederlande. Wir holen es an Ostern bestimmt nach.

Mehr nicht. Aber es reicht auch.

Ich stecke den Brief zurück in den Umschlag. Ich trinke meinen Becher leer. Im Zimmer wird es kalt. Ich drehe den Gasofen höher. Ich nehme *Das ABC der Musiklehre* und fange eifrig an zu lesen. Dann gehe ich zur Dachkammer und übe die Akkorde, die Iwan mir vorgespielt hat.

Es geht ganz gut. Mein Kopf ist klar, und es gibt keine Gedanken, die mich ablenken. Kein einziger Gedanke ist in meinem Kopf, außer dem ABC der Musiklehre. Mein Kopf ist leer und mein Magen auch, aber ich habe keinen Appetit.

Ich gehe zurück in mein Zimmer und lege mich mit Kleidern und allem unter die Zudecke. Langsam füllt sich mein Kopf wieder. Mit schönen, friedlichen Weihnachtsgedanken.

Vor drei Jahren zum Beispiel, was war das für ein wunderbares Weihnachtsfest. Ich war in der sechsten Klasse und Ma war sehr aktiv. Sie nähte Kleider. Wenn ich morgens aufstand, saß sie schon hinter der Nähmaschine, und wenn ich abends ins Bett ging, saß sie immer noch da.

Es waren schöne Kleider, aus glänzenden Futterstoffen in allen möglichen Farben, mit Streifen und Rüschen und Spitzenkragen.

Die Verzierungen durfte ich mir aus ihrem Stoffkorb selbst aussuchen. Den ganzen Tag liefen wir in ihren selbst gemachten Kleidern durch die Wohnung. Ich spielte, ich wäre eine Prinzessin, die sich jede Stunde für einen anderen Empfang umziehen musste.

Sie wollte, dass ich die Kleider auch in die Schule anzog. Sie waren viel zu dünn für Dezember, aber das fand ich nicht schlimm. Ich stopfte Winterkleider in meinen Rucksack und unterwegs zog ich mich in einem Hauseingang um. Das war allerdings wirklich eine ziemlich kalte Angelegenheit.

Damals musste ich zweimal in der Woche von der Schule aus zu einer Frau. Jemand hatte es beschlossen und es war eine Pflicht. Eigentlich hätte die Frau zu uns nach Hause kommen müssen. Das hatte sie auch einmal versucht, aber sie war nicht weiter gekommen als bis zur Tür.

Die Frau wollte, dass ich sie Rita nannte und dass ich ihr erzählte, was ich fühlte. Damit waren wir immer schnell fertig. Das Einzige, was ich fühlte, war, dass ich sie nicht nett fand, dass mir alles auf die Nerven ging und dass ich den ganzen Weg zu ihrem Büro laufen musste, aber das erzählte ich ihr nicht.

Niemand aus meiner Klasse wurde gezwungen, zu so einer Frau zu gehen, das wusste ich genau. Außerdem musste ich immer auf dem Weg zu ihr mein Kleid aus Futterstoff anziehen, weil sie mich anschließend mit dem Auto nach Hause brachte. Und es war absolut notwendig, dass ich mich umzog, bevor ich heimkam.

Wegen der Kälte zog ich einen Pullover über mein Kleid

und behielt auch meine lange Hose an, aber deswegen sah ich seltsam aus und sie wollte mit Ma darüber sprechen.

Ich sagte ihr, dass ich das nicht wollte, und Rita gab sofort nach. Sie gab immer sofort nach, vielleicht war das ihre Pflicht.

An Weihnachten gab es ein Klassenfest, weil es unser letztes Jahr an der Schule war. Wir würden zusammen essen und singen und die Eltern waren auch eingeladen.

»Findest du es nicht schade, dass dein Vater und deine Mutter nie in die Schule kommen?«, fragte Rita eines Tages.

Das war eine der typischen Fragen, die sie stellte. Es stimmt, dass die anderen Kinder es seltsam fanden, aber ich kannte es nicht anders.

Ich versuchte mir vorzustellen, dass Tim in die Schule kam, in seinem ordentlichen Anzug, mit dem gebräunten Gesicht und mit Händen voller Geschenke. Ich konnte schon sehen, wie mich die anderen Mädchen neidisch anschauten. »Ja«, sagte ich, »das ist schade.«

Rita machte ein zufriedenes Gesicht. Und ich verstand, dass »etwas schade finden« ein Gefühl war. Ich gab mir immer große Mühe, und weil ich nun auf einmal ein Gefühl in den Händen hatte, presste ich alles aus ihm heraus.

»An Elternbesuchstagen ist es sehr unangenehm«, sagte ich mit gesenktem Kopf. »Da hängen wir unsere Bilder an die Wände und stellen auf den Bänken aus, was wir im Werkunterricht gemacht haben.« Von der Seite warf ich einen Blick zu Rita. Sie schaute mich voller Mitleid an.

»Ich bekomme immer sehr gute Noten für meine Bilder. Aber dann kommen nur die anderen Eltern.« Fast wären mir Tränen in die Augen getreten. Rita strahlte. Da erzählte ich ihr von dem geplanten Weihnachtsfest der Schüler der sechsten Klasse.

»Ma mag Weihnachten nicht«, sagte ich, »aber ich finde es schön. Mir gefallen die Lieder und die Musik, und ein leckeres Essen mag ich auch. Deshalb bin ich sehr froh, dass wir in der Schule ein Weihnachtsfest machen.«

Wieder sah sie sehr zufrieden aus, und ich überlegte mir, dass »froh sein« auch ein Gefühl war und dass ich heute eine gewaltige Leistung gebracht hatte, mit zwei Gefühlen.

Rita rief Ma an, und ich weiß nicht, womit sie ihr drohte, aber Ma beschloss, zu unserem Schulfest zu kommen.

»Ich mache für uns beide besonders schöne Kleider«, sagte sie energisch und legte sofort los.

Das Kleid war das Einzige, was mir Sorgen bereitete. Wenn es aus schönem roten Samt sein würde oder aus grünem Wollstoff, das wäre nicht schlimm. Es gab noch mehr Kinder, die mit Festkleidern in die Schule kamen, vor allem die türkischen Mädchen trugen Kleider mit Stickereien und Perlen.

Aber Mama hatte es nicht mit Weihnachten. Es würde ganz bestimmt nichts Weihnachtliches werden, eher etwas Gelbes oder Hellblaues mit Tüll und Bändern und Spitzen. Diese Art Kleider eben, wie man sie zu Galafesten trägt. Ich konnte mir das Gelächter meiner Mitschüler gut vorstellen.

Ich ging zum Lehrer. Die Schule war schon aus, außer uns war niemand in der Klasse.

»Ich habe eine schöne Idee«, sagte ich.

Er warf mir einen Blick zu, dann fuhr er fort, Hefte zu sortieren.

»Wenn wir nun alle in Gala zum Fest kommen?«, sagte ich.

»Gala?«

»So wie in der Oper«, sagte ich. Ich war einmal mit Tim dort gewesen.

»Ich denke, die meisten werden keine solchen Kleider besitzen«, sagte er.

Ich wollte, dass er mich anschaute und sah, wie wichtig, wie notwendig es war, dass alle in solchen Kleidern kamen. In Kleidern aus dünnen, glänzenden Stoffen, die wie Futterstoffe aussahen.

Aber er schaute nicht hoch. Er sagte nur, dass ich schnell nach Hause gehen sollte, weil meine Mutter bestimmt mit dem Tee wartete. Dann merkte er, dass er etwas Dummes gesagt hatte, und schaute mich an, aber es war zu spät.

Ich versuchte es in der Klasse. Ich malte ein schönes Bild von einer Art Barbie in einem Festkleid.

»Das ist ein Galakleid«, sagte ich dann und wann zu jemandem. »So gehen vornehme Leute zu einer Weihnachtsfeier.«

Keiner hörte mir zu. Der Lehrer hängte das Bild an die Wand und die Mädchen schauten bewundernd zu. *Gala* stand über der Zeichnung, und der Sinn war, dass sie mich fragen sollten, was das war. Aber das taten sie nicht. Vielleicht dachten sie auch, dass die Puppe auf dem Bild so hieß.

Trotzdem hatten meine Vorbereitungen etwas genützt, denn als es so weit war und Ma und ich in unseren Futterstoff-Kleidern zum Fest kamen, machte niemand ein überraschtes Gesicht.

Der Lehrer kam schnell zu mir und rief so laut, dass der ganze Saal es hören konnte: »Oh, du bist in Gala, Lori. Wie schön. Und deine Mutter auch.« Er gab ihr keine Hand, was sehr vernünftig war.

Die Lehrerin aus der Parallelklasse umarmte mich und flüsterte mir ins Ohr, dass ich sehr schön aussähe. Sie musste es ernst meinen, denn sie hatte Tränen in den Augen.

Während des Singens saßen wir in Reihen im Saal. Ma sang nicht mit, aber sie saß wenigstens still da und schaute starr zur Bühne, auf der eine Weihnachtskrippe aufgestellt worden war.

Wir hatten im Werkunterricht die Krippe geschreinert und Figuren aus Pappmaschee gemacht. Ich war die stolze Schöpferin eines Esels und eines Ochsen. Die waren so gut gelungen, dass sie die Aufmerksamkeit von der plumpen Maria und dem klumpigen Josef ablenkten. Das Jesuskind sah aus wie ein Wurm.

Ich hatte oft am Kai gestanden und den Anglern zugeschaut, wenn ich es nicht eilig hatte, nach Hause zu gehen. Das Jesuskind sah aus wie ein Aaswurm, der zu lange an der Leine gehangen hat, weil sogar die Fische keinen Appetit auf ihn hatten.

Ich hatte das Kind machen wollen, weil ich damals Babys sehr schön fand, aber die Werklehrerin hatte mir den Esel und den Ochsen zugeteilt.

Den Engel auf dem Dach hatte sie selbst gemacht, der war zu schwierig für uns. Es war ein prachtvoller, blonder und rosiger Engel in einem blauen Gewand mit goldenen Flügeln, den starrte Ma an, während wir sangen.

Ich fühlte, dass sie unruhig wurde, und ich war froh, als wir aufstehen durften. Die Stühle wurden weggetragen und mitten in den Turnsaal wurden lange Tische gestellt. Die Lehrerinnen und Lehrer brachten das Essen herein.

Ich ging mit Ma zu dem am weitesten entfernten Tisch. Dort war es ein bisschen dunkler, weil nicht so viele Kerzen darauf standen.

Ich hoffte, das Essen würde ihr schmecken. Ich selbst hatte keinen Appetit, und ich hatte auch Angst, Flecken auf mein Kleid zu bekommen. Darüber brauchte ich mir allerdings nicht lange Sorgen zu machen. Zwei Mädchen aus der Parallelklasse gingen vorbei und eine von ihnen ließ ihren Teller auf mein Kleid fallen. »Oh, sorry«, sagte sie, »wie schade um dein schönes Kleid.« Und dann fingen beide an zu kichern.

Ich ging zur Toilette, um den Fleck auszuwaschen, und rannte zurück, um auf Ma aufzupassen. Hinter ihr wurde auch gekichert.

Mir wurde etwas kalt in dem dünnen Kleid und der nasse Fleck machte die Sache auch nicht besser.

Beim Abräumen wurde Musik von Girlgroups gespielt, die gerade in waren, und ab und zu ein altes Lied. Ma wurde lebhafter und fing an, mit den Zehen zu wippen. Ich dachte, sie wolle vielleicht tanzen. Doch sie sah nicht fröhlich aus, eher böse. Immer wieder schaute sie zur Bühne hinüber.

»Möchtest du meinen Ochsen und meinen Esel sehen?«, fragte ich, als die Tische zur Seite geschoben wurden. Sie stand im Weg und die Musik hatte auch aufgehört.

Zusammen gingen wir zur Krippe hinüber, aber sie interessierte sich nicht für meinen Ochsen und meinen Esel. Sie schaute hoch und streckte die Hand nach dem Engel aus. »Komm herab vom Dach«, zischte sie.

Ich fing an zu lachen. Das war der Titel eines Liedes, das ich in der zweiten oder dritten Klasse gelernt hatte. Es stand in *Hits for Kids*. Sie kannte es natürlich nicht.

Im Saal war es still geworden. Wir konnten uns nicht über einen Mangel an Aufmerksamkeit beklagen. Alle schauten atemlos zu, wie Ma einen Stuhl vor den Stall stellte, draufstieg und mit einem bösen Griff den Engel vom Dach zog.

Ein schwacher Protest von der Werklehrerin war zu hören, sonst blieb es still, so dass alle genau hören konnten, wie Ma mit dem Engel im Arm anfing zu singen. Sie drehte sich auf der Bühne herum und sah wunderschön aus mit ihren langen, blonden Haaren und dem hellgelben Kleid mit Bändern.

»Komm herab vom Dach«, sang sie. »Ich warne dich nicht mehr.«

Sie kannte das Lied also doch. Sie sah sehr fröhlich aus. Mit einem Sprung war sie von der Bühne herunter, tanzte zum Rand des Saals und stieg auf einen der Tische, auf denen nun Erfrischungsgetränke und Salzstangen standen.

»Jan Jansens Frau war Seiltänzerin, und weil sie kein Seil hatte, stieg sie auf die Tische ...«

Sie sprang von einem Tisch zum anderen. Die Gäste klatschten im Takt.

Ich stand mitten auf der Bühne, aber niemand achtete auf mich. Die nette Lehrerin aus der Parallelklasse fing an mitzusingen, als wäre das alles ein geselliger Beitrag zur Festfreude.

»Das Essen wurde kalt und Jan Jansen wurde heiß und durch die Straßen hallte der Schrei …« Die nette Lehrerin nickte meinem Lehrer zu, und er fing auch an, im Takt mitzuklatschen.

Damit war der Damm gebrochen. Alle Sechstklässler stiegen auf die Tische und sangen lauthals mit. Der Direktor sah beunruhigt aus, aber es war schwierig, Kindern etwas zu verbieten, wenn die Eltern es ihnen vormachten. Ein Elternteil zumindest. Wo war sie eigentlich?

Ich fand sie im Gang, wo sie sich verschnaufte, auf dem Engel stehend, der ganz platt war und seine Flügel verloren hatte.

Sie murmelte etwas, aber im Turnsaal war es so laut, dass ich sie nicht verstand. Ich holte unsere Jacken und zog sie mit hinaus. Da hörte ich hinter der Tür des Turnsaals einen ohrenbetäubenden Lärm, als wären alle Tische mit den Kindern gleichzeitig umgefallen. Ich hoffte, es wäre so.

Danach waren Weihnachtsferien, und als ich wieder zur Schule kam, hatte sich die Aufregung schon ein bisschen gelegt. Nur am ersten Morgen summte jemand: »Komm herab vom Dach«, doch gleich danach brach aus irgendeinem Grund ein Kampf aus.

Alle schienen sich daran zu beteiligen, alle außer mir, und jemand musste danach mit einem eingerissenen Ohr ins Krankenhaus. Ich glaube, es war Marie-Louise. Ja, wenn ich darüber nachdenke, bin ich ganz sicher. Sie befand sich mitten im Haufen der Kämpfenden.

Ich ging nicht mehr zu Rita. Vielleicht war es Pflicht, aber das juckte mich nicht. Damals juckte mich gar nichts. Ich streckte dem Lehrer die Zunge raus und trat die kleineren Kinder zur Seite, wenn sie mir auf dem Bürgersteig in den Weg kamen.

Tim sagte, das sei das Alter und es würde noch schlimmer werden, aber nach einer Weile war es vorbei.

Das war das Weihnachtsfest vor drei Jahren. Wenn ich mich bemühe, kann ich mich noch an weitere Weihnachtsfeste erinnern, aber das bringt nichts. Denn all diese Weihnachten sind Vergangenheit, dieses liegt noch vor mir.

Ich stehe auf, nehme den Schlüssel und gehe die Treppe hinunter. Ich hätte viel eher zu Mark gehen sollen. Jetzt fühle ich mich gleich besser.

Als er die Tür aufmacht, weiß ich nicht, was ich sagen soll. Er sieht aus, als wäre er sehr beschäftigt. Er bittet mich auch nicht hinein. Es ist ein ganz anderer Mark als der von gestern.

»Ja?«, sagt er fragend.

Er findet mich bestimmt dumm, weil ich gestern geheult habe. Aber das lag doch an ihm.

Ich kann nicht wie eine blöde Kuh stehen bleiben. »Du hast gesagt, ich wäre immer willkommen«, stoße ich aus.

Endlich lächelt er mich an und lässt mich hinein, aber es kommt nicht wirklich von Herzen.

Ich stehe im Wohnzimmer. Mark läuft hin und her, als läge ihm etwas schwer im Magen. Tee bekomme ich auch nicht.

Ich möchte mich hinsetzen und ihm mein Herz ausschütten. Ich möchte, dass er mir zuhört und mich festhält und tröstet.

»Dezember ist ein Monat, den ich hasse«, sage ich plötzlich.

»Wir haben erst November.«

Ich versuche es noch einmal. »All die Feiertage und man sitzt nur zu Hause.«

Er schaut mich an. »Zu Hause?«

Warum klingt seine Stimme so seltsam? Ich hätte nicht kommen sollen. Was gestern passiert ist, bedeutet ihm nichts. Langsam gehe ich zur Tür.

»Du hast bestimmt jeden Tag eine Party, oder?«, fragt er.

Ich drehe mich um. Was meint er? Ich möchte über Weihnachten sprechen und über Tim, der nicht kommt.

»Party?«, frage ich.

»Ich wette, dass du sehr beliebt bist.« Hat der eine Ahnung!

»Ich mache mir nichts aus Partys.«

»Dann gehst du bestimmt lieber mit einem Jungen ins Kino. Du hast doch Freunde, oder?«

»Natürlich habe ich Freunde.« Hakim und Silvester. Aber sie können Tim nicht ersetzen.

»Na also.«

»Jungen aus meiner Klasse. Aber sie sind noch richtige Kinder.«

Plötzlich lächelt er. Sein Gesicht klärt sich auf. Ich sehe, wie die Wärme in seinen Blick zurückkommt. Endlich. Ich habe mich doch nicht geirrt.

Er kommt auf mich zu und legt die Arme um mich. Ich lehne mich an ihn. Tims Brief ist mir nicht mehr wichtig. Weihnachten ist weit weg. Ich bin nicht mehr allein.

Er lässt mich los und hebt mein Gesicht hoch. Er schaut mich an. Seine Augen strahlen. Plötzlich drückt er seine Lippen auf meine.

Eine laue, seltsame Zunge dringt in meinen Mund. Seine, nehme ich an. Ich würge und reiße mich los. Ich renne die Treppe wieder hinauf, öffne ungeschickt das Schloss und renne direkt zum Badezimmer. Dort drücke ich mir die ganze Tube Zahnpasta in den Mund.

Der Mathelehrer dreht sich zur Klasse um und leckt an der Kreide. In diesem Jahrhundert sollte man doch mindestens einen Overheadprojektor erwarten, aber nein. Auf diesem Unterrichtsfriedhof müssen wir uns mit Tafeln zufrieden geben, die sie im Achtzigjährigen Krieg erbeutet haben. Und mit Kreiden, an denen die Lehrer lecken. Ich sehe eine rosafarbene Spitze aus seinem Mund kommen.

Wir schreiben alle eifrig. Ich ertappe mich dabei, wie ich meine trockenen Lippen nass mache, während ich versuche, die Aufgabe zu lösen.

Jeder hat eine Zunge. Hakim auch. Und Silvester. Für gewöhnlich hat man das Ding im Mund, aber manchmal kommt es heraus. Das gehört sich nicht. Man sollte mit einem Tuch vor dem Mund herumlaufen, wie der Zahnarzt. Oder mit einem Gesichtsschleier, wie ihn manche Frauen tragen. Aber ihre Männer haben nichts vor ihren Gesichtern, und wenn sie einen Bart und einen Schnurrbart tragen, sehen ihre Lippen noch röter und ihre Zungen noch unappetitlicher aus.

Eis essen sollte überhaupt verboten werden.

Ich habe nicht gefrühstückt. Die Idee, etwas in meinen Mund zu stecken, war mir zuwider. Nun ist mir flau und ich fühle mich schlapp.

Ich stehe auf und gehe zur Toilette. Im Spiegel betrachte ich mein Gesicht. Mir ist nichts anzusehen. Dieselben blauen Augen wie immer. Wenn ich meine Lippen zusammenhalte, gibt es keinen einzigen Beweis, dass ich auch so einen lauen Lappen im Mund verstecke, der ganz unerwartet herauskommen kann wie ein Kuckuck aus der Uhr.

Stell dich nicht so an, sage ich mit zusammengepressten Lippen zu mir. Menschen haben schon seit einer Ewigkeit eine Zunge im Mund und sie stehen damit nicht allein.

Hunde haben Schweißdrüsen auf ihrer Zunge und lassen sie regelmäßig aus dem Maul hängen. Kaninchen benutzen ihre Zungen, um aus Pfützen kleine Schlucke Wasser zu trinken. Schlangen haben flitzende Zungen, die blitzschnell vor- und zurückschießen. Kühe haben riesige Zungen, mit denen sie Grasbüschel aus der Weide zupfen.

Ich habe sogar einmal eine Kuhzunge gegessen. Als ich mit Tim in einem Restaurant war. »Das musst du mal probieren«, hatte er gesagt. »Es schmeckt sehr gut.«

Das Fleisch war saftig und schwammig, aber ich hatte das Gefühl, als würde ich auf meiner eigenen Zunge rumkauen, deshalb aß ich nur das Gemüse und die Soße.

Du brauchst eine Zunge, sage ich zu meinem Spiegelbild. Ohne Zunge kannst du nicht leben. Du brauchst sie zum Sprechen und sie hat Papillen mit Geschmacksknospen. Sie ist ein nützliches Organ.

Mein Spiegelbild ist nicht beeindruckt. Es hält die Lippen fest zusammengepresst. Ich kann es ihm nicht übel nehmen. Es hat einen Schock erlebt, genau wie ich.

Ich habe niemandem erlaubt, einfach in meinem Mund herumzuspazieren. Und auf meiner Stirn hängt auch kein Schild *Eintreten ohne anzuklopfen.* Das kann ich im Spiegel genau sehen.

Ich kehre nicht in die Klasse zurück. Ich hole meine Jacke und gehe hinaus. Sie können mir alle den Buckel runterrutschen.

Im Briefkasten liegt ein unfrankierter Umschlag mit meinem Namen darauf. Ich drehe ihn um. Es ist ein selbstklebender Umschlag. Eine unbekannte Adresse steht hinten auf dem Absender, aber es ist nicht schwer zu raten, von wem er kommt.

Ich bin froh, dass keine Briefmarke drauf klebt. Unter einer Briefmarke ist Spucke.

Ich schlucke ein paar Mal, während ich die Treppe hinaufgehe. Man sollte eigentlich keine Spucke im Mund haben. Er müsste trocken und sauber sein, so wie die Haut außen.

Auf dem ersten Treppenabsatz fängt mein Herz an zu klopfen. Wäre Frau Schreiner doch noch da. Sie ist alt und miesepetrig, aber an ihr ist wenigstens alles trocken. Ihre Haut ist verdorrt, ihre Hände fühlen sich an wie Seidenpapier, und ihr Mund ist so eingefallen, dass es aussieht, als hätte sie keine Lippen mehr. Und wenn sie mir eine Standpauke hält, weil ich nicht genug geübt habe, knarrt ihre Stimme wie ein toter Ast. Ich vermisse sie.

Ich renne die zweite Treppe hinauf. In meinem Zimmer mache ich den Brief auf. Ein Entschuldigungsbrief von Mark. Er wisse nicht, was ihn überkommen habe, schreibt er. Nun sind wir also zwei, die das nicht wissen.

Er fährt ein paar Tage zu seinen Eltern. Er hat die ganze Nacht wach gelegen und nachgedacht und nun weiß er es. Er liebt mich. Es hat ihn überfallen, aber nun, da er es weiß, ist er froh. Es ist ein gutes Gefühl. Er versteht, dass ich erschrocken bin, aber er verspricht mir, es nicht wieder zu tun. Ich kann ihm vertrauen. Er wird mir nichts Böses antun. Er liebt mich.

Ich stopfe den Brief in eine Schublade. Ein Mädchen sollte seinen ersten Liebesbrief aufheben, mit einem roten Band drum herum.

Ich fange mit dem Treppenhaus an. Ich bürste den Läufer und staube die Holzteile ab. Dann sauge ich den Dachboden. Ich wische die Küche und das Badezimmer und schrubbe die Toilette. Ich scheuere den Backofen mit einem Topfschwamm. Ich tue die Laken zur Wäsche und danach meine Kleider.

Als Ma aufgestanden ist und im Wohnzimmer sitzt, beziehe ich ihr Bett ebenfalls mit frischer Wäsche. Ich putze die Fenster. Ich kratze die blaue Farbe von dem Foto von mir in Artis und hänge es an die Wand zurück. Ich hole einen alten Tisch vom Dachboden, als Esstisch, und bringe den mit den kurzen Beinen in den Abstellraum.

Ich klettere aus dem Küchenfenster und kehre die Feuertreppe von oben nach unten. Dann nehme ich mir den Schuppen vor. Ich putze auch mein Fahrrad und spüle meine Gummischuhe sauber.

Als das ganze Haus, die ganze Straße und der Rest des Viertels sauber sind, gehe ich ins Bad. Ich bürste meine Nägel und wasche mir die Haare. Eine Stunde bleibe ich im Wasser und danach putze ich mir die Zähne. Es nützt nichts.

9

»Hast du deine Zunge verloren?«, fragt Hakim. Ich klappe den Klavierdeckel hoch und gebe keine Antwort. Ich bringe schon seit ein paar Tagen kein Wort heraus. Beleidigt geht er weg.

Nur eine Person ist noch unglücklicher als ich. No Sweat. Silvester hat ihm eins auf den Deckel gegeben, weil er nirgendwo mitmacht. Nun versucht er allein ein paar Tänze, weit weg von den anderen Ratten. Er steht vor dem Klavier, dem Heulen näher als dem Lachen.

Iwan kommt herüber. »Warum wolltest du eigentlich Theater spielen«, fragt er, »wenn es dir nicht gefällt?« Seine Stimme ist leise, aber Nadia hat ihn doch verstanden.

»Können Sie ihn sich eher beim Volkstanz vorstellen?«, ruft sie.

Iwan dreht sich um und sein Arm schießt vor. Einen Moment glaube ich, er will sie schlagen, aber er verscheucht sie und sie verschwindet.

Ich verstehe Nadia. Sogar Werken wäre für No Sweat besser gewesen als diese Turnhalle voller unüberwindlicher Hindernisse.

»Ich liebe Musik«, sagt No Sweat plötzlich.

Iwan nickt.

»Aber ich spiele kein Instrument.«

Iwan wartet. No Sweat schaut sich prüfend um. Keiner von den Orientierungsstuflern ist in der Nähe. »Eigentlich singe ich gern«, sagt er dann fast unhörbar. Er schaut zu mir. Ich spiele achtlos eine Melodie.

Iwan legt seine mollige Hand auf No Sweats kolossale Schulter. »Ich möchte mit dir sprechen, wenn die Probe zu Ende ist«, sagt er. »Und jetzt geh in die Kantine und hol mir eine Tasse Tee.«

Silvester lässt die anderen Ratten tanzen. Love Gerritsen tanzt einen Walzer mit Pepsi. Jan Piet swingt mit Achmed und Nadia führt Shirley einen Bauchtanz vor.

Hakim steht mittendrin und windet und krümmt sich in einer tapferen Imitation eines Popstars. Er schwingt die Hüften und schüttelt die Schultern und dann dreht er mit der Zunge Runden vor einem unsichtbaren Mikrofon.

Ich erschrecke und greife hart in die Tasten. Der fröhliche Walzer, den Iwan geschrieben hat, bekommt ein paar Dissonanzen in der Begleitung. Nicht gerade falsch, aber ein bisschen schräg. Die Tänzer auf der Bühne merken es nicht, nur Iwan schaut kurz auf.

Im Mittelteil spiele ich ein paar hohe, schrille Töne und stelle den Fuß aufs Pedal, damit es schön hallt. Das Pedal sieht aus wie eine dicke, vergoldete, herausgestreckte Zunge. Noch einmal setze ich den Fuß darauf, diesmal extra fest. Es ruft jammernd »au«. Geschieht ihm recht.

Der Schluss taugt überhaupt nichts. Iwan hat ihn mit Absicht glatt und geleckt gemacht, damit Eltern und Lehrer zufrieden zum Kaffeetrinken gehen können.

Ich werfe das Thema von Dylan quer hinein. Ratten klauen dein Mehl und Kinder spielen. Da wird Hunger gelitten und dort gefressen. Flugzeuge werfen Bomben und der Walzer hat angefangen.

Meine rechte Hand schießt hin und her über die Tasten und meine linke dröhnt Akkorde. Ab und zu bekommt das Pedal einen bösen Tritt.

»Die Ratten fressen dich kahl,
tralalala!
Dein alter Gaul ist ganz schwach,
ach-ach, ach-ach.
Niemand wird dir was geben,
lang soll sie leben!
Niemand, der etwas tut,
happy birthday to you!«

Erschöpft lasse ich die Hände sinken und schaue hoch. Weit weg sehe ich die Ratten auf der Bühne stehen. Lange Zeit bewegt sich niemand. Nadia hat die Hände elegant über den Kopf gehoben. Jan Piet steht erstarrt auf einem Bein und Love hängt in Pepsis Armen, nach hinten gebogen wie eine in Ohnmacht gefallene Tangotänzerin.

Dann fangen sie leise an zu klatschen. Iwan läuft zum Klavier, aber Wanja ist schneller. Er rennt auf seinen krummen Pfoten auf mich zu, springt mit einem plötzlichen Satz auf meinen Schoß und leckt mir die Hand. Eine rosafarbene Zunge schießt hin und her über meine Finger.

Ich fange an zu schreien. Ich springe hoch. Wanja fällt auf den Boden und bellt wie verrückt. Ich taumele. Iwan fängt mich auf. Ich schlage seine Arme von mir.

Sie haben aufgehört zu klatschen. Mit steifen Schritten verlasse ich den Turnsaal und gehe den Gang entlang. Hakim holt mich an der Tür ein.

»Lori?«

»Verpiss dich«, sage ich und renne aus der Schule.

Alle Räder im Unterstand haben platte Reifen. Der Witzbold ist mal wieder da gewesen. Das ist jemand, der unbedingt Komiker werden will und nun schon trainiert. Der Clou bei seiner Nummer ist, dass er manchmal nur die Ventile aufdreht, dann aber wieder einen dicken Nagel benutzt.

Ich schließe das Rad auf und laufe zu Fuß los. Ein kalter Regen fällt auf mich. Die Tropfen zischen auf meinen glühenden Wangen.

Ich bin Lori, die sich immer so beherrscht benimmt, die so *normal* ist, dass sich jeder ein Beispiel daran nehmen kann. Ich schreie nicht. Ich werfe keine unschuldigen Hündchen auf den Boden und ich schlage keine Arme weg, die es gut mit mir meinen. So bin ich nicht.

Während ich mein Rad durch die Pfützen im Park schiebe und meine kalten Hände abwechselnd in die Jackentaschen stecke, dringt die Wahrheit so langsam zu mir durch wie der Regen, der in meinen Kragen läuft.

Mein Kopf ist ein Topf mit verdorbener Suppe, mit einem Deckel drauf. Und jetzt ist der Deckel ab. Iwan hat ihn heruntergenommen. Er mit seinen Improvisationen und seinen schönen Reden. *Lass dich gehen, Lori. Du kannst es.*

Ich habe mich gehen lassen. Und alle Schrauben und Muttern in meinem Kopf haben sich gelockert. Bald werde ich jemand, der schreit und kreischt und Mülleimer vom Balkon kippt.

Ich will nicht nach Hause. Ich will zurück in den Turnsaal, wo es warm und gemütlich ist und wo man lachen kann. Aber das ist genau das, was sie jetzt tun werden. Mich auslachen.

Ich traue mich nicht mehr hin. Ich werde Iwan einen Brief schicken und höflich absagen. Er soll sich jemand anderen für das Klavier suchen. Aber nach Hause kann ich auch nicht. Der Deckel muss erst wieder fest und sicher auf meiner Schädelhöhle sitzen.

Ich brauche eine klare und stabile Person, jemand wie Tim. Oder Frau Schreiner. Aber beide sind weit weg.

Ich brauche jemanden, der mir zuhört. Ich war so froh, dass Mark da war. Gestern Abend habe ich ihn zurückkommen gehört. Er war über eine Woche lang weg. Das Haus war leer und kalt ohne ihn.

Diesen Kuss, dafür konnte er nichts. Warum musste ich auch so tun, als hätte ich so viele Partys und Freunde? Ich wollte so gern älter und erwachsener wirken. Nun, das ist mir hervorragend gelungen.

Kurz vor Geschäftsschluss bin ich beim Fahrradmechaniker. Ich leihe mir Flickzeug. Meine Hände sind so kalt, dass ich den Schlauch nicht herunterbekomme. Fred schiebt mich sanft zur Seite und macht es für mich. Ich hole den Nagel heraus, flicke den Schlauch und fahre nach Hause.

Das Licht in Marks Flur brennt. Ich gehe die erste Treppe hinauf und bleibe vor seiner Tür stehen. In meinem Kopf brummt es. Ich gehe die zweite Treppe hinauf.

In unserer Wohnung ist es kalt. Der Ofen im Wohnzimmer brennt nicht und es ist dunkel. Sie liegt nicht im Bett, das Badezimmer und die Toilette sind leer, auch in der Küche ist niemand. Ich gehe zum Dachboden. Dort ist sie auch nicht. Wo könnte sie sein? Sie geht abends nie aus. Noch einmal gehe ich durch die Wohnung. Die leeren, kalten Zimmer sind gähnende Löcher.

Ohne nachzudenken laufe ich die Treppe hinunter und klingle bei Mark. Es dauert eine Weile, bis er aufmacht. Mir tut es schon wieder Leid.

Ich will gerade die Treppe hinaufgehen, als sich die Tür öffnet.

Er nickt mir zu. Sein Gesicht ist blass und seine Augen tränen. Bestimmt hat er eine Erkältung erwischt.

»Hast du meine Mutter gesehen?«, frage ich.

Er schüttelt den Kopf.

Ich drehe mich um.

»Ist sie nicht zu Hause?«

Wieder drehe ich mich um. Seine Stimme klingt distanziert. Keine warmen Lichter in den grauen Augen. Kein Lächeln.

Er hat ja Recht. Ich habe mich schrecklich angestellt. Was ist schon ein Kuss?

Ich habe alles vermasselt, hier und in der Schule. Sogar Hakim habe ich von mir weggetreten. Wenn ich auf einer einsamen Eisscholle ende, verlassen von Pinguinen und Seehunden, dann habe ich mir das selbst zuzuschreiben.

»Machst du dir Sorgen?«, fragt er.

Ich zucke mit den Schultern.

»Ich habe gleich ein Seminar«, sagt er. »Wenn sie heute Abend noch nicht zurück ist, sagst du mir dann Bescheid?«

Ich nicke. Er streckt die Hand aus und macht die Tür zu.

Ich schlurfe die Treppe hinauf. Trotzdem fühle ich mich ein bisschen besser, als würde in dem dunklen Gang ein kleines Licht brennen.

Hausaufgaben machen, das ist die Lösung. »Arbeite an deiner Zukunft, Lori«, sagt Tim immer.

Wir lesen *La peste* in Französisch. Die Lehrerin hat das Buch extra ausgesucht, weil darin Ratten eine große Rolle spielen. Morgen muss ich ein Kapitel gelesen haben. Ich hole das dünne Buch aus meiner Tasche. Es ist eine Schulausgabe mit einer Vokabelliste am Ende. Es geht um Ratten, die die Pest verbreiten. Ich weiß eine ganze Menge Wörter nicht. Furunkel, Eiter. Exkret. Schleim. Glaubt unsere Lehrerin vielleicht, dass dies ein nützlicher Wortschatz an den Stränden des Mittelmeers ist?

»Guten Morgen, Jean-Pierre, wie geht es heute mit deinem eiternden Furunkel?«

»Très bien, Lori, aus meinen Beinen kommt Exkret. Komm, gehen wir schwimmen.«

Vielleicht beabsichtigt sie ja, dass ich eine Leidenschaft

für die französische Literatur entwickle. Das ist misslungen. Ich finde es nicht schlimm, von aufbrechenden Geschwüren zu lesen, aber nur, wenn ich die Wörter nicht eins nach dem anderen hinten nachschlagen muss. Dann doch lieber Mathematik.

Hausaufgaben eignen sich gut zum Ablenken. Aber als ich fertig bin, ist sie noch nicht zurück. Ob Mark schon zu Hause ist?

Ich mache das Küchenfenster auf und steige auf die Feuertreppe. Ich gehe ein paar Stufen hinunter. In seiner Küche brennt Licht. Ich klettere durch das Fenster zurück und nehme meinen Schlüssel.

Mark macht auf und lässt seine Tür einen Spaltbreit offen, damit ich Ma hören kann, falls sie nach Hause kommt. Er werkelt in der Küche herum. Es riecht lecker. Ich habe vergessen zu essen.

Ich setze mich vor den Fernseher und schaue eine Serie. Als sie anfangen zu küssen, mache ich den Fernseher aus.

Mark kommt mit zwei Tellern Nasi Goreng herein. Er stellt einen Teller vor mich hin und gießt zwei Gläser Bier für uns ein. Mir schmeckt Bier nicht, aber ich sage nichts. Ich darf mich nicht wie ein kleines Kind anstellen. Ich bin vierzehn. Vierzehneinhalb. Und ich sehe viel älter aus.

Das Essen schmeckt gut und Mark sieht viel freundlicher aus als am Nachmittag.

»Hast du meinen Brief gefunden?«, fragt er.

Ich nicke. Ich möchte nicht darüber sprechen.

»Es ist einfach passiert«, sagt er. »Es tut mir wirklich Leid. Sollen wir wieder Freunde sein?«

Ich nicke noch einmal.

»Ich muss lernen«, sagt er, als er den Tisch abgeräumt hat.

Ich stehe auf.

»Bleib ruhig sitzen. Such dir ein Buch aus, wenn du willst.«

Die Titel sagen mir nichts. Ich nehme auf gut Glück ein Buch aus dem Schrank und setze mich wieder. Mark schaut nicht hoch.

Ich tue, als würde ich lesen, aber die Sätze haben keine Bedeutung. Ich bin müde, aber ich möchte nicht weggehen. Der Ofen glüht.

Ich höre die Haustür und springe auf.

»Du kannst das Buch gern mitnehmen«, sagt Mark. »Bring es zurück, wenn du es ausgelesen hast.«

Ich renne die Treppe hoch und warte auf Ma. Sie sieht kalt aus.

»Hinters Licht geführt«, höre ich sie murmeln. »Alle abgeschüttelt.«

Ich lege das Buch in mein Zimmer. »Bring es zurück, wenn du es ausgelesen hast«, hat Mark gesagt. Das bedeutet, dass ich wiederkommen darf.

Im Flur stehen Plastiktaschen. Ich habe vergessen, dass die Geschäfte heute länger aufhaben. Sie hat ein paar Einkäufe erledigt, das ist alles. In einer der Tüten sind eine Farbdose und ein Pinsel. Die schöpferische Pause ist schnell vorbeigegangen. Und dabei ist die Wohnung gerade sauber. Ich seufze.

Ich gehe in die Küche und wärme für sie eine Tiefkühlmahlzeit in der Mikrowelle, stelle sie auf den Tisch und gehe in mein Zimmer.

Ich traue mich nicht, Hakim unter die Augen zu treten. Wahrscheinlich meidet auch er mich wie die Pest. Zum Glück schreiben wir eine Ex. Alle schreiben eifrig.

Ich bin schnell fertig, weil ich meine Hausaufgaben gemacht habe. Ich schreibe einen Brief an Iwan, dass ich aus persönlichen Gründen nicht mehr beim Musical mitmachen kann.

In der kleinen Pause laufe ich aus der Klasse, bevor jemand etwas zu mir sagen kann. In der Halle geht es schief. Madelon und ihre Freundinnen vom Orchester stehen zusammen und flüstern. Als sie mich sehen, kommen sie auf mich zu, allen voran Madelon.

»Lori«, sagt sie.

»Geh mir aus dem Weg.«

Sie reißt die Augen auf wie ein süßes Kätzchen, kurz bevor es dich mit seinen messerscharfen Krallen kratzt. »Ich wollte dir bloß sagen …«

Ich stoße sie zur Seite, aber hinter ihr stehen noch ein paar andere.

»Ich finde, dass du phantastisch Klavier spielst«, stößt sie aus.

Verblüfft bleibe ich stehen. Die Orchestermädchen nicken.

»Irgendwie genau wie mein Pferd …«, sagt Madelon.

Ich habe keine Ahnung, was für einen Witz sie sich mit mir erlauben will, aber ich weiß genau, dass ich nicht darüber lachen werde. Ich mache einen Schritt vorwärts, aber die Mädchen drängen sich um mich.

»... Temperament meine ich«, sagt Madelon. »So wie du spielst.«

Die Mädchen nicken. Sie kichern noch nicht. Aber was war das, mit einem Klavier spielenden Pferd?

»Ein Rassepferd hat Temperament«, sagt Madelon. Sie wird rot und stottert dann: »Na ja, also bis zur Probe.«

Ich verstehe es nicht. Was wollen sie von mir?

»Nun, du hast es eben drauf.« Das ist Silvester.

Ich weiß nicht, was ich sagen soll. Der Brief an Iwan wird in meinen klammen Händen zu einem Papierknäuel. »Was?«

»Klavier spielen«, sagt Silvester.

»Du meinst, mit Temperament«, sage ich.

»Ja, das ist das Wort«, sagt er. Bis jetzt hat mich noch niemand beschimpft. Aber ihm und Madelon habe ich auch nichts getan.

Ich laufe weg, um den Brief in Iwans Fach zu legen. Wie froh er sein wird, das kreischende Küchenmädchen loszuwerden.

Hakim wartet in der großen Pause auf mich. »Du willst wohl nicht mehr mitmachen?«, fragt er.

»Woher weißt du das?«

»Du hast einen Brief in Iwans Fach gelegt. Und weil ich dich kenne, glaube ich nicht gerade, dass du dich darin entschuldigst.«

»Sollte ich das?«

»Ja«, sagt er. Von ihm kommt kein Kompliment über mein »Temperament«. Ich habe mich schlecht benommen und das ist alles.

»Mich kannst du wegjagen«, sagt er. »Ich hätte dich in Ruhe lassen sollen. Aber Iwan wollte dir nur helfen.«

Ich starre hinunter auf die Bodenfliesen. Ein interessantes Muster.

»Ich werde mich bei ihm entschuldigen«, sage ich.

»Und machst du dann wieder mit?«

»Nein.«

»Dann ist deine Entschuldigung nichts wert.«

Er dreht sich um und lässt mich einfach stehen. Ich schaue ihm nach. Die einsame Eisscholle treibt näher auf mich zu.

Ich versuche, mir die folgenden Monate vorzustellen, ohne Musikproben, ohne Iwan, ohne die frechen Orientierungsstufler.

Ich fische den Brief wieder aus dem Fach.

10

Ich hatte die Tüte mit der Farbe schon wieder vergessen, aber Ma hat ein Gedächtnis wie ein Elefant. Als ich mit dem Fahrrad ankomme, sehe ich gleich, dass sie wieder eine Inspiration gehabt hat.

Unsere Hausnummer ist übermalt. Der äußere Türpfosten ist azurblau. Der innere neigt mehr zu Kobalt.

Ich träume bestimmt nicht von blauen Weihnachten, aber als ich in den Briefkasten schaue, rege ich mich schon nicht mehr auf. Eine Nachricht von der Post. Ich habe ein Paket bekommen.

Ich sprinte nach oben, hole meinen Pass und renne den ganzen Weg zum Postamt.

Es ist Tims Nikolausgeschenk, gerade noch rechtzeitig. Ich habe ihm meines schon geschickt, eine schöne, silberne Krawattennadel.

Ich ziehe eine Wartenummer und betrachte die Prospekte von sonnigen Stränden. Diesen Winter wird nichts daraus, aber das ist nicht schlimm. Mark hat mich zu Weihnachten eingeladen.

Ich hatte das geliehene Buch zurückgebracht und blieb ein bisschen bei ihm, um mich mit ihm zu unterhalten. Er habe viel zu tun, sagte er, aber ich könne mich ein bisschen hinsetzen, wenn ich wolle. Ich wollte.

»Ich habe über Weihnachten nachgedacht«, sagte er. »Wir könnten doch etwas Schönes zusammen unternehmen.«

»Ins Kino?«, fragte ich hoffnungsvoll.

»Ich gehe erst zu meinen Eltern. Aber später am Abend könnten wir ein Weihnachtsessen zusammen machen. Hast du Lust dazu?« Er war wieder ganz der alte Mark, freundlich und besorgt wie ein junger Onkel.

Ich fühlte, wie mir warm wurde. »Ja, das klingt gut.«

»Ich koche ganz prima«, sagte er. »Du brauchst gar nichts zu tun.«

Das ging mir gegen die Ehre. »Ich mache Plumpudding.«

Er wusste nicht, was das war. Ich war sehr stolz, dass ich ihm mal was erklären konnte. »Meine Oma hat mir Kochen beigebracht«, sagte ich. »Oben bei uns bin ich es, die kocht.«

Er schaute mich wieder sehr aufmerksam an. »Das gefällt mir so an dir«, sagte er.

Ich hatte nicht gewusst, dass einem gleichzeitig kalt von innen und glühend heiß von außen werden kann. Ich stand auf.

»Schau doch nicht so verschreckt«, sagte Mark. »Ich mache dir ein Kompliment, das ist alles. Daran bist du wohl nicht gewöhnt? Setz dich doch.«

Ich setzte mich auf die Stuhlkante.

Mark lächelte mich an. »Die Studenten bei mir im Kurs sind so unerwachsen. Immer geht es nur um Kleider und Musik und Freunde. Und so wie du, mit sechzehn ...«

»Vierzehn«, sagte ich.

»... den ganzen Haushalt machst, für deine Mutter sorgst ... was hast du gesagt?«

»Vierzehn, ich bin vierzehn«, stieß ich aus. Nun wird er mich zu jung finden für eine Freundschaft. Ich sprach schnell weiter. »Ich konnte schon kochen, als ich acht war«, sagte ich. »Und meine Oma hat mir ihr Kochbuch vererbt. Manchmal, wenn ich mich langweile, lese ich alle Rezepte durch. Als wäre es ein spannendes Buch.«

Mark sagte nicht mehr viel und ich ging hinauf. Am nächsten Tag lag eine Karte in meinem Briefkasten mit einer offiziellen *Einladung zu einem Weihnachtssouper in meinem Hause, 25. Dezember um 22 Uhr, Festkleidung erwünscht*.

Das Päckchen ist weich. Vielleicht ist es ein Pullover. Wenn es nur nichts Kindisches ist, ein Pulli mit einem Bärchen darauf, oder mit einem Seehund. Manchmal vergisst Tim, wie alt ich schon bin.

Ich warte mit dem Auspacken, bis ich zu Hause bin. In dem Päckchen ist ein langes, schwarzes Kleid. *Schöne Festtage* steht auf der Karte. Fast sieht es aus, als wüsste Tim, wie ich Weihnachten feiern werde, dabei habe ich kein Wort von Mark erzählt.

Ich probiere das Kleid an, es passt gut. Ich stelle mich vor den hohen Spiegel im Badezimmer. Ich sehe aus wie zwanzig. Ich drehe mich im Kreis und betrachte mich. Mit meinen Haaren muss ich was unternehmen, vielleicht hochstecken, dann sehe ich wirklich erwachsen aus.

Ich halte mir die Flasche mit Nagellack unter die Nase. Es

riecht gut. Zweimal habe ich meine Nägel schon lackiert und zweimal habe ich den Lack wieder abgemacht. Ich kann es noch nicht gut. Aber ich werde es lernen.

Das ist der schönste Dezember seit Jahren. Wegen der zwei Musikproben pro Woche fliegt die Zeit nur so dahin. Iwan hat das Orchester auch auf die Bühne geholt, neben das Klavier. »Ihr übt jetzt gemeinsam«, hat er gesagt. »Lori gibt das Tempo vor. Wenn etwas bei den Darstellern nicht klappt, improvisiert sie und dann folgt ihr nach.« Ich hatte erwartet, dass sie protestieren, aber nichts geschah.

Marie-Louise und Derk Jan konnten bequem mithalten. Für die anderen hatte Iwan ein einfaches Schema gemacht, auf das sie zurückgreifen konnten.

Nach Ablauf dieser ersten Probe kam Madelon und setzte sich neben das Klavier. Die anderen Mädchen standen um uns herum. Derk Jan saß verlassen auf seinem Stuhl.

»Ich wünschte, ich könnte so spielen wie ihr beide«, sagte Madelon. »So aus mir selbst heraus.«

»Es ist eine Frage des Übens«, sagte Marie-Louise bescheiden.

Beim nächsten Mal spielten wir wieder zusammen, und wenn es klappte, lachten wir uns zu. Ich habe noch nie so viele Freundinnen gehabt.

Iwan hatte noch eine kleine Überraschung. Oder eine große, wenn man den Umfang bedenkt: No Sweat.

»Wir brauchen einen Sänger«, sagte er. »Die Ratten können nicht hüpfen und springen und gleichzeitig verständlich singen.« Er nickte zu No Sweat hinüber, der seinem Namen keine Ehre machte. »No Sweat wird jetzt vorsingen. Das Eröffnungslied, Lori.«

Wir warteten mit offenen Mündern. Der Einzige, der den Mund nicht aufmachte, war der Maestro selbst. Der schaukelte vor Kummer hin und her und sah aus wie ein Schiff in Not, das dringend einen Leuchtturm brauchte.

»Schau mich an«, sagte ich leise. »Wenn ich nicke, kommt dein Einsatz.« Er steckte mich mit seinem Schwitzen an, aber das war überflüssig. Denn als No Sweat den Mund aufmachte, gingen unsere Münder von allein wieder zu. No Sweat sang wie eine aus der Form geratene Nachtigall.

Am Tag nach Nikolaus habe ich Mark besucht. Er hatte mir ein Marzipanherz in den Briefkasten geworfen. Sehr originell war das nicht, aber ich wollte mich trotzdem bedanken. Ich hatte einen Lebkuchen für ihn gemacht, aus Omas Kochbuch, nicht in Herzform, sondern einfach rund.

Er bewunderte mein Produkt und fragte, ob ich mich nicht setzen wolle. Das tat ich nicht. Ich hatte mir nämlich überlegt, dass er bald genug von mir haben würde, wenn er mich zu oft sah.

»Du bist deinem Alter wirklich weit voraus«, sagte er. »In allem.«

Ich zuckte gleichgültig mit den Schultern, aber ich fühlte mich geschmeichelt.

»Das kommt, weil du so viel erlebt hast.«

Viel erlebt? Na ja, ich finde mein Leben ziemlich langweilig. Aber ich sagte nichts und versuchte, erwachsen auszusehen. Gleich darauf verdarb ich es wieder. »Ich habe Berge von Hausaufgaben«, sagte ich kleinmädchenhaft und zog mich zurück.

Zu Hause ist es gut auszuhalten. Ma nimmt wieder ihre Tabletten. Ich weiß nicht, warum das so ist, aber ich bin froh darüber. Meistens, wenn ich aus der Schule komme, sitzt sie da und strickt. Dann mache ich meine Hausaufgaben und übe eine Stunde Klavier und zwischendurch essen wir zusammen am Tisch. Sie kann nicht kochen, aber sie probiert es wenigstens wieder. Alles wäre ganz normal, wenn sie nur mit mir sprechen würde.

Eines Tages lag eine Weihnachtskarte von Frau Schreiner im Briefkasten. Ein merkwürdiges Tier war darauf, mit riesigen, schreckhaften Augen und mit seinem Jungen auf dem Rücken. Ein Koala, dachte ich erst. Ich verstand nicht, was das mit Weihnachten zu tun haben sollte, es sei denn, es handelte sich um eine Urwaldversion von Maria mit dem Jesuskind.

Ich machte das Treppenlicht an und drehte die Karte um. Ich erkannte ihre winzige Handschrift sofort. *Liebes Kind,* schrieb sie. *Liebes Kind! Wir haben dieses Tier im Zoo gesehen. Meine Schwester sagt, es wäre ein plumpes Lori. Und dabei bist du doch so schlank. Witzig, nicht wahr?* Sehr witzig. *Das Junge hält sich an seiner Mutter fest. Oder an seinem Vater, das weiß ich nicht. Übst du brav? Manchmal denke ich, dass ich dich quer durch den Erdball hindurch klimpern höre. Du wirst es nicht glauben, aber ich vermisse das Geräusch. Bitte richte Grüße an deine liebe Mutter aus. Schöne Feiertage wünscht dir deine Lehrerin.*

Ich habe die Karte an meine Zimmertür geklebt.

Tim bekommt fröhliche Briefe von mir. Seine sind noch kürzer als sonst, aber das kann man verstehen. Er hat was anderes im Kopf. Ich übrigens auch.

Ich war beim Friseur und ich feile meine Nägel und mache mich auf die Suche nach Kleidern im Sonderangebot. Das sind keine Dinge, mit denen ich mich normalerweise beschäftige, aber wenn man jemandem gefallen will, kann man nicht wie eine Vogelscheuche herumlaufen.

Ich weiß, dass Hakim mich schön findet, aber ein erwachsener Mann, der einen bewundert, ist doch ganz was anderes.

Ich schaffe es, ein paar Tage nicht zu Mark zu gehen, und als ich eines Abends bei ihm klingelte, war er wirklich froh, mich zu sehen. Männer muss man kurz halten, das hat Oma immer gesagt.

»Lange nicht gesehen«, sagte er freundlich, nachdem er mir einen Tee serviert hatte.

»Ich habe mich nicht wohl gefühlt«, log ich.

»Du hattest wohl deine Tage.«

Ich drückte die Tasse zwischen den Händen, als wollte ich sie zerbrechen.

»Du findest es seltsam, dass ich das sage.«

Ich saß steif auf der Bank und konnte nicht mal nicken.

»Ich weiß, dass du nicht über solche Dinge mit mir sprechen willst«, sagte er nach einer Weile. »Aber mit wem willst du es denn tun?«

Ich fühlte meine Kopfhaut prickeln, als würden sich meine Haare aufstellen, wie bei einem Tier. Du bist kein Tier, sagte ich streng zu mir. Das Prickeln hörte auf.

»Mit niemandem«, sagte ich.

Er beugte sich vor und schaute mich direkt an. »Das ist ganz natürlich«, sagte er.

Das schien mir auch so. Deshalb wollte ich, dass er aufhörte damit.

»Alle jungen Mädchen fühlen sich so«, sagte er. »Trotzdem musst du dich daran gewöhnen, dass du erwachsen wirst. Findest du nicht?«

Ich fand das nicht, aber ich sagte kein Wort. Tief im Herzen wusste ich, dass er Recht hatte. Andere Mädchen sprechen mit ihren Müttern oder mit ihren Schwestern oder mit einer Freundin.

Mark gab mir einen Klaps auf die Hand. »Du möchtest lieber ein Kind bleiben, aber glaub mir, wenn du es erst einmal geschafft hast, wird es viel schöner.«

Das klang nach Schwimmen im kalten Meer, und ich hatte nicht viel Lust, »es« zu schaffen.

»Ich muss rauf«, sagte ich. »Mama macht sich Sorgen.«

Mark fuhr am Wochenende zu seinen Eltern, und als ich ihn wieder sah, sprach er nicht über unangenehme Themen. Wir schauten uns im Fernsehen einen Film an und er setzte sich dicht neben mich.

»Wir sind Freunde«, sagte er leise, als ich wegrückte. »Das ist es, was Freunde tun.« Er legte den Arm um mich.

Ich muss mich daran gewöhnen, er hat ja Recht. Niemand hat mich je angefasst, Tims Begrüßungskuss nicht mitgezählt. Deshalb fing ich an, immer wieder an Oma zu denken, und nach einer Weile hat es mir gut gefallen, so mit ihm zu sitzen.

Wenn ich jetzt daran denke, muss ich über mich lachen. Es ist doch die normalste Sache von der Welt. In der vergangenen Woche habe ich jeden Tag bei ihm reingeschaut. Er hat nie Besuch, das passt gut.

Wir sitzen zusammen auf dem Sofa, er legt den Arm um mich, dann denke ich an Oma und fange an, wie ein kleines Kind zu plappern, genau wie früher, und alles zu erzählen, was mir einfällt. Und er hört mir zu und es ist fast wie früher, nur dass man mit Oma richtig lachen konnte.

Ein guter Nachbar ist besser als ein ferner Vater.

11

Für mein goldenes Mädchen steht im Deckel der kleinen Schachtel. Drei Tage vor Weihnachten lag sie im Briefkasten. Sie ist mit Samt ausgekleidet und darin liegt eine Goldkette. Ich glaube zumindest, dass sie aus Gold ist, ich verstehe nicht viel davon. Jedenfalls passt sie gut zu dem schwarzen Kleid.

Ich mache meine hochgesteckten Haare zum dritten Mal auf und dann wird es wirklich Zeit. Ich nehme den Schlüssel und schreite die Treppe hinab. Ich bin neugierig, was für ein Gesicht Mark machen wird, wenn er mich sieht.

»Danke für das Weihnachtsgeschenk«, sage ich als Erstes, bevor ich es vergesse.

»Nichts zu danken, meine Dame«, sagt er feierlich. Erwartungsvoll schaue ich ihn an. Ich werde nicht enttäuscht. Erst gehen seine Augen weit auf vor Überraschung, dann strahlen sie vor Bewunderung. »Wie schön du bist«, sagt er leise.

Mit leicht wiegenden Schritten gehe ich vor ihm hinein. Leicht schwankend eigentlich, auf den kleinen Stiefeln mit den hohen Absätzen.

Er hat sich für diese Gelegenheit auch zurechtgemacht. Mit Hemd und Krawatte. Die Krawatte beißt sich mit seinem Jackett, deshalb hat er es vermutlich über die Stuhllehne gehängt.

Auf dem Tisch liegt eine weiße Decke. Kerzen brennen und die Vorspeise ist schon serviert. Etwas mit Krabben oder Krebs, denke ich, und ich bin wild entschlossen, das lecker zu finden, auch wenn ich es nicht mag. Er hätte mich ja schlecht vorher fragen können, was ich will.

Mark bewegt sich etwas schneller als sonst und seine Stimme klingt ebenfalls höher. Vielleicht hat er bei seinen Eltern ein bisschen getrunken. Tim spricht auch so, wenn er einen Schwips hat.

Ich mag es nicht, wenn Leute trinken. Sie kommen mir vor, als wären sie nicht ganz sie selbst, und außerdem erzählen sie langatmige Geschichten. Aber wenn ich selbst ein paar Gläser trinke, merke ich das nicht mehr.

Mark holt das Hauptgericht. Es ist etwas mit Wild. Hase? Kaninchen? Hirsch? Ich will es nicht wissen. Er legt eine CD mit englischer Weihnachtsmusik auf.

Erst essen wir schweigend. Es ist noch nicht wirklich gemütlich. Ein guter Nachbar ist bestimmt besser als ein ferner Vater, aber mit Tim langweile ich mich nie.

Ich muss aufhören mit diesen Vergleichen. Und wenn es nicht schön ist, muss ich es schön machen. Also schaue ich Mark fröhlich an und beginne, über Musik zu sprechen.

Wie immer hört Mark mir aufmerksam zu, die Augen auf mein Gesicht gerichtet. Sein kauender Mund sieht komisch aus. Ich blicke schnell wieder auf meinen Teller.

Seine unerschöpfliche Aufmerksamkeit stört mich langsam ein bisschen. Hat er denn keine anderen Hobbys außer mir?

Ich muss pinkeln vom vielen Wein. Als ich im Badezimmer meine Hände wasche, sehe ich, dass ich weiß bin. Mein Herz klopft. Ich muss mich einfach entspannen und das festliche Souper genießen. Und nicht immer sofort das Schlimmste denken. Vermutlich ist in dem Wildgericht einfach Schweinefleisch und kein Bambi oder Goldhamster.

»Fühlst du dich nicht gut?«, fragt Mark, als ich ihm wieder gegenübersitze. »Schmeckt es dir nicht?«

Ich schäme mich. Er tut sein Bestes. Ich schaue ihn an. »Ich bin nicht so gut im Weihnachtenfeiern.«

Er legt seine Hand auf meine. »Ich auch nicht.«

»Es liegt nicht an dir«, sage ich schnell. »Zu viel Erinnerungen.«

Er streichelt meine Hand. Er nimmt mir nichts übel. Er ist lieb genug für zwei.

»Wir werden einfach neue Erinnerungen machen«, sagt er und schenkt Wein ein. »Prost. Auf die zukünftigen Weihnachtserinnerungen.«

Ich fühle mich schon viel besser. Es hilft einem, wenn man darüber spricht, das vergesse ich immer. Beim Nachtisch aus Eis und Früchten erzähle ich Mark genüsslich von Silvesters Witzen und seiner Liebe zu Ratten. Ich würde auch gern von *Die Pest* erzählen, aber nicht beim Essen.

»Wir machen auch Experimente mit Ratten«, sagt er, aber das möchte ich auf keinen Fall hören.

»In der Schule haben wir das Pawlow'sche Experiment durchgenommen«, sage ich. »Man bimmelt mit einer Glocke, wenn man sie füttert, und dann fangen ihre Speicheldrüsen an zu arbeiten ...« Plötzlich kann ich nicht weitersprechen und trinke schnell einen Schluck Wein.

»Es läuft ihnen ganz von selbst das Wasser im Mund zusammen, wenn sie die Glocke hören«, sagt er. »Auch wenn sie nichts bekommen. Das ist ein konditionierter Reflex.«

»Das weiß ich auch«, sage ich kratzbürstig. Erwachsene wollen einem immer irgendetwas erklären.

Er sieht ein bisschen gekränkt aus. Schon wieder mache ich es falsch. Schnell fange ich von dem Musical an. Das hilft, er schaut wieder freundlich und fragt, wann die Aufführung ist und ob ich Angst habe, vor Publikum zu spielen. Ich sage Nein.

»Wirklich nicht?«

»Ich habe noch nie darüber nachgedacht. Vielleicht doch ein bisschen.«

»Achtest du nie darauf, was du fühlst?«

»Damit kommt man nicht weiter«, sage ich genervt.

Mark räumt den Tisch ab, streichelt mir über den Kopf und geht zur Küche. Ich schenke mir selbst noch etwas Wein nach. Das muss das beste Weihnachtsfeiern seit Jahren werden, und ich habe vor, etwas daraus zu machen.

Ich habe auch einiges dafür aufgegeben. Hakim hat mich gefragt, ob ich an Weihnachten mit ihm ins Kino gehen will. Das war vorgestern, bei der ersten Musikprobe in den Ferien.

»Wir feiern es natürlich nicht«, sagte er ein bisschen nervös. Und er hat bedauert, dass ich nicht mitkommen konnte. »Frag Silvester«, sagte ich, »bei dem feiern sie bestimmt auch nicht.« Aber da habe ich mich geirrt. Silvesters Familie ist sehr christlich, ich glaube, dass er zweimal in die Kirche geht und auch noch im Chor singt.

Nach dem Essen geht es mir ein bisschen besser. Ich habe einen kräftigen Schluck Rum über den Plumpudding gegossen, und als wir uns den Nachtfilm anschauen, bin ich ziemlich aufgeheitert.

Mark zieht mich näher zu sich. Er hat seine Krawatte ausgezogen. Sein Atem geht schwer und unregelmäßig. Ist er schon wieder erkältet?

Seine Hand rutscht von meiner Schulter und bleibt über meiner Brust liegen. So kann er den Träger von meinem BH spüren, das finde ich peinlich.

Ich rutsche zur Seite, aber er schiebt sich nach, dreht mich nun zu sich und legt seine beiden Hände auf meine Brüste.

Ich sitze ganz still.

»Es ist alles gut«, flüstert er und gibt mir einen Kuss auf die Haare.

Es ist überhaupt nicht gut. Ich fühle mich wie ein Idiot. Ich versuche aufzustehen, aber er legt die Arme um mich und hält mich fest.

»Nur eine kurze Überwindung«, flüstert er in mein Ohr. »Mein Schätzchen.«

Schätzchen? Das klingt lächerlich. Aber ich bekomme kein Wort heraus. Plötzlich beuge ich mich vor und kotze auf den Teppich. Ich habe ja gewusst, dass ich Krebse nicht mag.

Mark flucht leise und steht auf, um einen Lappen zu holen.

Ich gehe zur Toilette, beuge mich über die Kloschüssel und verabschiede mich auch noch von dem Schwein.

Dann wasche ich mir das Gesicht, spüle meinen Mund aus und setze mich zitternd wieder auf das Sofa. Ich habe nicht den Mut, noch einmal wegzulaufen. Ein zweites Mal wird er mir mein kindisches Benehmen nicht verzeihen. Und ich mir selbst auch nicht.

Trübsinnig warte ich, bis er fertig ist mit Saubermachen. Mein Kopf ist leer, jemand anderes muss ab jetzt für mich denken.

Er hält mich wieder fest. Meine Arme und Beine sind gelähmt. Die Stimme bleibt mir im Hals stecken. Wenn er mich nur nicht küsst, mehr will ich nicht. Zur Sicherheit beuge ich den Kopf, dass er nicht an meinen Mund kommt.

Los, denke ich, umso schneller ist es vorbei. Aber es dauert Stunden. Er zieht mir das Kleid aus und hakt meinen BH auf und zieht dann seine Schuhe aus und legt mich zurück auf das Sofa.

Ich drehe meinen Kopf so weit wie möglich zur Seite und warte mit zugekniffenen Augen darauf, dass ich es bald hinter mir habe.

Er beugt sich über mich. Die Knöpfchen von seinem Oberhemd sind kalt. Ich bekomme eine Gänsehaut. Er gleitet mit seinem Mund von meinem Hals nach unten. Plötzlich ist es, als wäre ein Stecker in eine Steckdose gesteckt und als würden alle Kerzen am Weihnachtsbaum auf einmal angehen. Überall in meinem Körper ist Elektrizität. Meine Haut glüht. Meine Beine werden schlaff und wollen auseinander gleiten. Mein Mund öffnet sich von ganz allein. Mir wird schwindlig.

Nur meine Augen bleiben geschlossen und meine Arme liegen schlaff neben mir. Denn das will ich nicht. Mein Körper hat mich verraten. Mein Körper ist erwachsen und will etwas, was ich nicht will.

Ich kann diesen Mark nicht ausstehen. Er ist nicht mehr mein junger Onkel. Er keucht und knetet und greift und ich finde ihn nicht nett. Aber meine Beine gehen auf und meine Brüste spannen sich und meine Zunge leckt über meine Lippen.

Er gibt einen seltsamen Ton von sich und hört plötzlich auf. Vielleicht muss man nicht auf einmal durch, sondern wie beim kalten Meer, Schritt für Schritt. Er steht auf und rennt ins Badezimmer. Ich höre das Wasser laufen.

Ich ziehe mich an. Erst jetzt merke ich, dass ich meine Stiefelchen noch anhabe. Ich gehe zur Tür hinaus. Ich will ihn nie mehr sehen. Ich will mich selbst auch nie mehr sehen.

Alles im Leben ist im Gleichgewicht, sagt unser Philosophie-Lehrer immer. Für Ma und mich stimmt das jedenfalls. Jetzt liege ich da und starre zur Decke und sie läuft herum.

Sie kocht das Essen und geht einkaufen, sie spült Geschirr und zu meiner Überraschung höre ich, dass sie sogar Staub saugt. Sie wird das alles wohl tun müssen, solange ich halbe Tage im Bett liegen bleibe. An Neujahr hat sie das Wohnzimmer aufgeräumt und den ganzen Schnickschnack und die Luftschlangen von Silvester weggemacht.

Noch nie haben die Weihnachtsferien so lange gedauert. Das Telefon hat ein paar Mal geläutet, aber ich habe nicht abgenommen. Manchmal wird an der Tür geklingelt.

Mark hat einen Brief in den Briefkasten geworfen, aber ich habe ihn ungelesen zerrissen. Wir haben noch zwei Musikproben, aber ich gehe nicht hin.

Ich putze meine Zähne nicht mehr und ich wasche mich nicht und ich schaue überhaupt nicht mehr in den Spiegel. Ich liege im Bett und fühle mich dreckig.

Nachts träume ich von zugreifenden Händen. Dann ist die Elektrizität wieder da und das Schwindelgefühl und wie von selbst gehen meine Beine auf und mein Körper wird schlaff. Als gäbe es mich nicht mehr, als wäre mein Körper ein Apparat, der sein eigenes Programm abspielt. Dann liege ich da und warte, bis es aufhört.

Mit mir ist es aus. Die Zukunft ist noch grauer als das, was ich hinter mir habe. Das meinen die Leute also, wenn sie von Liebe sprechen. Die strahlenden Augen auf den Hochzeitsfotos. Die Lieder im Radio. *Halt mich fest*, *Lass mich nicht allein*, *My heart will go on*. Gefummel und Schnaufen und überall Feuchtigkeit. Ein Pfund englische Drops essen und nicht aufhören können, auch wenn es dir schon zur Nase rauskommt.

»Das gehört dazu, zwischen einem Mann und einer Frau«, hat Mark gesagt. »Du willst doch nicht allein bleiben, so wie deine Mutter?« Nein, das wollte ich nicht. »Du liebst mich, das sehe ich an deinen Augen.«

Und er liebt mich, das weiß ich genau. Noch nie ist jemand so lieb zu mir gewesen. Sogar jetzt vermisse ich seine freundliche Stimme und seine Umarmung.

Es ist normal, was er will. Es wäre komisch, wenn er es nicht wollte. Ich bin diejenige, die nicht richtig tickt.

Eines Tages habe ich genug davon. Ich habe genug von dem Klopfen in meinem Blut, dem Prickeln meiner Haut und den Gedanken, die sich in meinem Kopf drehen. Wenn es das ist, wenn das alles ist, was das Leben zu bieten hat, dann muss ich es mir holen.

Ich stehe auf, gehe ins Badezimmer, esse ein Butterbrot, putze mir die Zähne und gehe die Treppe hinunter. Mein Kopf ist klar.

Er ist zu Hause, es sind noch Ferien. Ich setze mich sofort aufs Sofa. Bestimmt hat er voller Ungeduld auf mich gewartet, denn er setzt sich neben mich und fängt an, mich auszuziehen.

Diesmal ist es weniger schlimm. Vielleicht gewöhne ich mich ja daran. Aber ich habe die Augen geschlossen. Als er mir den Slip auszieht, gebe ich beinahe auf, aber ich mache weiter.

Er berührt mich mit den Fingern und dann mit dem Mund. Es scheint so weit weg zu sein, was da unten passiert, und es fühlt sich nicht unangenehm an. Küssen ist schlimmer und das tut er nicht mehr. Versprochen ist versprochen.

Das Schwindelgefühl hat einen Vorteil: Nichts anderes besteht daneben. Ich bin nur ein Körper. Und dieser Körper ist erstaunlich. Überall scheint es Zauberstellen zu geben und geheime Brunnen des Vergnügens. Bei jeder neuen Stelle stockt mir der Atem und mein Blut rast mit doppelter Geschwindigkeit durch meine Adern.

Genau wie beim letzten Mal ist es plötzlich vorbei. Mark läuft zum Badezimmer. Sofort ist mein Kopf wieder klar. Klar und eklig kalt. Ich ziehe mich an und fühle mich noch heißer als zuvor, wie ein aufgezogener und nicht abgelaufener Wecker.

Und dann kapiere ich erst, warum er so plötzlich verschwunden ist. Es ist nicht, weil er mich in Ruhe lassen will. Sein Wecker ist abgelaufen. Ich höre die Dusche.

Ich warte nicht, bis er zurückkommt, ich laufe mit steifen Beinen die Treppe hoch.

Ich habe noch nie darauf geachtet, wie viele schmusende Paare in der Pause auf dem Schulhof stehen. Alle Mädchen aus den höheren Klassen scheinen einen Freund zu haben.

Es ist ziemlich kalt, sogar für den Januar, aber das macht ihnen nichts aus. Sie drücken sich ein bisschen lustlos aneinander, als ob das nun mal dazugehört.

Bestimmt wissen sie es auch – dass es nicht wirklich schön ist, nur aufreizend, und dass es den Rest ihres Lebens so weitergehen wird. Nur Kinderkriegen bleibt noch übrig, das wird dann bestimmt auch eine Enttäuschung.

Die letzte Woche der Weihnachtsferien bin ich jeden Abend zu Mark gegangen. Ich konnte mich nicht zurückhalten. Wenn ich in meinem Zimmer saß, wurde ich einfach aus der Tür hinausgezogen. Ich klingelte bei ihm und ging sofort in sein Schlafzimmer. Das war meine Idee. Auf dem Sofa war es kalt ohne Kleider. Und mit der Decke über mir fühlte ich mich weniger nackt. Wenn ich erst mit geschlossenen Augen im Bett lag, hatte ich das Schlimmste hinter mir.

»Siehst du, es macht dir immer mehr Spaß«, sagte Mark. Ich hasste ihn, wenn er darüber sprach, aber es stimmte. Seine Hände waren zart und vorsichtig. Er war natürlich auch nervös gewesen, das erste Mal. Nun achtete er mehr auf mich. Er merkte es sofort, wenn ich eine bestimmte Berührung nicht mochte.

Solange ich die Augen zumachen und die Hände still halten konnte, brauchte ich mich nur mittreiben und gehen zu lassen. Eine Viertelstunde, eine halbe Stunde, eine Dreiviertelstunde, und dann ging ich nach oben und schlief sofort ein, ohne nachzudenken.

Ich redete fast nie mehr mit ihm. Ich hätte es auch nicht gekonnt. Wenn ich dalag, war mein Kopf irgendwo anders. Mark sagte ab und zu etwas zu mir und manchmal schaute er mich beunruhigt an, aber wenn das zu lang dauerte, stand ich auf und ging weg. Ich ging hin, um mich kurieren zu lassen, und das war alles.

Das Klavier rührte ich nicht mehr an. Tagsüber radelte ich ziellos durch die Stadt, um müde zu werden und nicht nachzudenken.

Einmal sah ich Iwan. Ich bremste und blieb stehen, aber er bemerkte mich nicht. Er ging mit der hübschesten Lehrerin an unserer Schule spazieren. Sie blickte strahlend und verliebt auf ihn hinunter. Vielleicht ist sie stark kurzsichtig oder sie ist auf seine schöne Stimme reingefallen. Ich fuhr einfach weiter.

Mein Körper war zufrieden damit, wie die Sache ablief. Er funktionierte von allein. Mitten im Winter roch ich draußen Blumen und Gras. Wenn ich Spatzen tschilpen hörte, stieg ich ab. Dann schaute ich mich um, woher diese himmlische Musik kam. Ihre kleinen Körper mit den aufgeblähten Federn schienen mir das Schönste zu sein, das ich je gesehen hatte.

Eines Nachmittags betrachtete ich sogar ein Baby, das vor einem Laden im Kinderwagen stehen gelassen war. Ich streckte die Hand nach den weichen Wangen und dem rosigen Mündchen aus und Tränen strömten über meine Wangen, aber nicht aus Kummer.

Wie gemein kalt ist es auf dem Schulhof. Ich kann nicht in die Kantine gehen, denn dort sind Silvester und Hakim. Am ersten Tag nach den Ferien habe ich sie angeschnauzt und seither gehen sie mir aus dem Weg.

Bei Marie-Louise ist selbst das nicht nötig. Ein paar Mal im Flur an ihr vorbeigehen, ohne sie anzuschauen, das reicht vollkommen.

Iwan hat mich etwas mehr Mühe gekostet.

»Meine Mutter ist krank«, sagte ich, als er auf mich zukam. »Also vorläufig geht es nicht. Vielleicht sollten Sie lieber gleich nach einem Ersatz für mich suchen.«

Für seine Verhältnisse sah er gut aus. Seine Haut glänzte und seine Haare glänzten weniger. Seine Augen waren noch blauer und tiefer als sonst. Ich wusste, dass es das nicht gab, Glück, aber sonst hätte ich geschworen, dass es lebendig vor mir stand. Vielleicht war es für Männer anders? Aber diesen Unsinn glaubte ich auch nicht.

»Ersatz? Für dich?« Er schüttelte den Kopf. »Ich denke nicht daran. Du kommst, sobald du kannst, und niemand nimmt deinen Platz ein.«

Er kann mit mir rechnen. Am Sanktnimmerleinstag werde ich bestimmt da sein. Jeden Montag und Donnerstag renne ich aus der Schule, obwohl meine Füße in die andere Richtung wollen, zum Turnsaal, zum Klavier.

Und zu Hause ist es nicht besser. Ich habe Mark einen Brief geschrieben, dass ich »Zeit brauche«, und die habe ich nun, Zeit. Viel, viel Zeit. Ich mache Schulaufgaben für einen Monat.

Manchmal stelle ich mich vor den Spiegel. Ich weiß nicht, was an mir verändert ist, aber es muss etwas sein, denn wenn ich auf der Straße gehe, drehen sich Leute nach mir um. Mein Gesicht sieht voller aus und glänzt wie der Mond, vielleicht ist es das.

Meine Stimme ist leiser geworden, sie ist auf irgendeine Art umgezogen. Sie kommt jetzt tief aus meinem Bauch. Vielleicht liegt das am Heulen. Ich weine fast jeden Abend, aber es ist nicht unangenehm. Mark hat ein Loch in den Damm gestochen und nun läuft der Stausee langsam leer. Danach fühle ich mich meistens besser. Aber wenn ich aus der Schule komme und die Treppe hochgehe, klopft mein Herz und meine Kehle ist trocken.

Mark weiß genau, wovor ich Angst habe. Er durchschaut mich immer. Am letzten Abend der Weihnachtsferien hat er sich neben mich aufs Bett gesetzt. Er hatte seinen Weg zum Badezimmer schon gemacht. Ich war zu müde, um mich anzuziehen. Ich war ganz unter die Bettdecke gekrochen, aber ich machte die Augen auf, als er sich neben mich setzte.

»Du brauchst keine Angst zu haben«, sagte er leise.

»Ich habe keine Angst.«

»Wir haben alle Zeit der Welt.«

Ich machte die Augen zu.

»Ich finde es noch zu früh, um es wirklich zu machen«, sagte er. »Und das macht mir nichts. Ich liebe dich.«

Mir machte es auch nichts.

»Aber du kannst mich ruhig ein bisschen anfassen«, flüsterte er und zog sein T-Shirt aus. »Und mach die Augen auf.«

Ich machte die Augen auf. Und wieder zu. Haare, überall Haare. Dichte Büschel blonder Löckchen auf seiner Brust. Unter den Achselhöhlen feuchte Strähnchen. Dunkles Kraushaar über dem Rand seiner Hose. Natürlich. Ein erwachsener Mann. Ganz normal. So gehört es sich.

Ich machte die Augen wieder auf und streckte gehorsam eine Hand aus, als wollte ich einen Hund streicheln, der vielleicht doch bissig war. Und so fühlte es sich auch an, wie die harten Löckchen eines Terriers. Nicht unheimlich.

»Los«, flüsterte Mark, aber ich hatte genug. Ich zog mich unter der Zudecke an und stand auf. »Morgen fängt die Schule wieder an«, sagte ich.

Es wird nun wirklich zu kalt auf dem Schulhof. Ich müsste mich selbst an jemanden anschmiegen oder hineingehen.

Ich gehe zur Kantine, suche mir ein ruhiges Plätzchen und tue, als würde ich niemanden sehen. Aber Hakim hat genug von seiner Verbannung. Zögernd kommt er auf mich zu. Silvester folgt in sicherem Abstand.

Hakim hat eine schöne, glatte Haut und keine Haare im Gesicht. Silvester hat sogar keine Haare auf den Armen. Den Kopf hat er sich selbst kahl geschoren, dafür gibt's keine Punkte.

Hakim steht so dicht vor mir, dass ich seinen Atem hören kann. Ich mache einen Schritt zur Seite. Man weiß nie, ob sie nicht plötzlich anfangen zu keuchen.

»Heute Nachmittag ist Musikprobe«, sagt er.

»Ich kann nicht«, sage ich.

»Iwan hat gesagt, du wärst verhindert.«

Ich nicke schweigend.

Musik, das ist auch nichts. Man steht da und tanzt und singt, weil man sich auf das Leben freut. Man fühlt, dass es schön und gut wird, man wird jemanden lieben und man wird Herzklopfen vor Vergnügen haben. Natürlich liebe ich Mark, das muss so sein. Und trotzdem habe ich kein Vergnügen. Das ist also Liebe, eine Weihnachtsüberraschung aus alten Zeitungen und Klebstoff, ohne Geschenk.

12

Es ist Sonntagnachmittag. Ich stehe am Fenster meines Zimmers. Es ist höchste Zeit, dass ich Tim einen Brief schreibe, aber ich schaffe es nicht. Es ist zu viel passiert, von dem er nichts weiß.

Unten höre ich Schritte und leise Musik. Mark ist dieses Wochenende nicht zu seinen Eltern gefahren.

Der Asphalt glänzt vom Regen. Ich muss in die Stadt, wo es offene Geschäfte gibt, denn wir haben nichts zu essen im Haus. Mama hat zwar eingekauft, aber alles ist schon wieder weg. Manchmal scheint es, als habe sie einen Bandwurm, den sie bei Laune halten muss.

Die Flaschen mit den roten Verschlüssen stehen jetzt im Esszimmerschrank. Sie nimmt ihre Tabletten noch, aber sie fängt wieder an, unruhig zu werden. So geht es eben mit den Zwergen, nach einer Weile werden sie faul und arbeiten nicht mehr so gut wie am Anfang. Sie hat ihr Strickzeug aufgezogen und kein neues angefangen.

Nach dem Sommer dachte ich, dass sie in Zukunft tun würde, was der Doktor gesagt hat. Aber jetzt weiß ich es besser. Wenn sie ihre Pillen schluckt, läuft sie herum wie eine Holzpuppe. Die wirre Suppe in ihrem Kopf hört auf zu brodeln und wird so starr wie ein Teller mit kalter Erbsensuppe. Das muss ein ziemlich langweiliges Gefühl sein, innerlich.

Für mich ist es ruhig und bequem. Aber sie brennt darauf, sie selbst zu sein. Es ist nur noch eine Frage der Zeit bis zum nächsten Ausbruch.

Ich warte nicht gerne. Manche Dinge hat man besser hinter sich als vor sich. Vielleicht ist das auch der Grund, dass ich nicht in die Stadt gehe, sondern bei Mark klingle.

»So, du hast ja ziemlich viel Zeit gebraucht«, sagt er ernst. Er zwingt sich zu einem Lächeln, aber seine Augen sehen düster aus. Was für ein Glück meine Freunde mit mir haben. Freude und Sonnenschein streue ich auf meinen Wegen, wohin ich auch gehe.

Ich würde mich gern zu ihm setzen und wie früher Tee trinken und über die Schule sprechen, aber dafür ist es zu spät. Sobald ich seine Stimme höre, werden meine Beine schlaff. Wie ein Automat gehe ich zum Schlafzimmer.

Als ich mir, unter der Zudecke, die Kleider vom Leib gefummelt habe, merke ich, dass das Bett doch nicht so eine gute Idee gewesen ist. Mark fängt an, sich ebenfalls auszuziehen. Als wir noch auf dem Sofa waren, hat er das nie gemacht. Und obwohl er immer die falschen Sachen anhat, hätte ich doch lieber, er würde sie nicht ausziehen.

Zum Glück behält er die Unterhose an. Ich mache die Augen wieder zu und hoffe, dass er sich beeilt.

Aber Mark beeilt sich nicht. Er nimmt seine Pflicht ernst. Er hat es auf sich genommen, mich einzuweihen. Nicht dadurch, wie er sagt, dass er mich ins Tiefe wirft, sondern indem er mir langsam und in meinem eigenen Tempo die Geheimnisse der Liebe entschleiert.

Früher habe ich sehr gerne Liebesfilme gesehen. Ich träumte mich bei den Liebesszenen weg, vor allem wenn es um junge Leute ging. Ihre Liebe war ein Abenteuer, eine Entdeckungsreise. Aber wie spannend ist eine Entdeckungsreise mit jemandem, der den Weg schon kennt? Leentje lehrt Lotje laufen, entlang der langen Lindenallee.

»Liebe ist eine Frage von Geben und Nehmen«, sagt Mark ernst, als er in der Unterhose neben mir sitzt und zärtlich meine Haare streichelt. Ich wünschte, er würde das Pädagogische überschlagen. Ich höre nicht zu.

Das ist ein Fehler. Weil ich nicht aufgepasst habe, merke ich zu spät, auf was er hinauswill.

Er nimmt meine Hand und drückt sie sanft nach unten. Ich reiße die Augen auf. Mit der anderen Hand zieht er seine Unterhose runter.

Gerade noch rechtzeitig ziehe ich meine Hand zurück. Ich springe halb über ihn aus dem Bett, raffe meine Kleider zusammen und renne, ohne mich anzuziehen, die Treppe hinauf.

Ich renne weiter zum Dachboden, dort nehme ich den Schlüssel und ziehe mich rasch im Klavierzimmer an, bevor er mir nachkommt. Dann laufe ich die Treppe hinunter, wühle den Wohnungsschlüssel aus meiner Hosentasche und gehe in mein Zimmer.

Ich kann nicht stillsitzen. Ich drehe Runden in meinem Zimmer und mache die Augen auf und zu, um den Film von meiner Netzhaut zu wischen, aber es gelingt mir nicht. Ich habe meine Augen eine Sekunde zu lange aufgehalten, das Bild ist hängen geblieben.

Eine glänzende Kugel. Nicht glänzend wie eine Goldkette, sondern fettig wie Öl. Eine blasse Kugel Heidelbeereis mit etwas Klebrigem drauf. Dicke, blaue Adern. Eine hellviolette Schlange, die aus ihrem haarigen Nest hochsteigt und nach vorn stößt, direkt auf ihr Ziel zu.

Ich kratze mir mit den Fingernägeln über die Augenlider, um das Bild wegzukriegen, aber es nützt nichts. Ich muss mit mir selbst sprechen.

»Benutze dein Gehirn«, hat Oma immer gesagt, »auch wenn es das Einzige ist, was dir noch bleibt.«

Natürlich habe ich schon nackte Männer gesehen. Tim natürlich, am Strand, wenn er sich umgezogen hat. Zwischen seinen Beinen hing ein baumelndes Ding, das eher verletzlich als gefährlich aussah.

Und dann gab es noch einen Mann am Spielplatz, der seinen Mantel aufklappte und nichts darunter anhatte. Ich war mit Ayfer dort und wir haben darüber gekichert. Der Mann sah aus, als hätte er einen Spargel zwischen die Beine geklemmt. Einen dicken, weißen, mit Hubbeln, einer von denen, wie sie beim Gemüsemann im Fach liegen, nicht einer von den dünnen vom Supermarkt, die mit einem Gummi zusammengebunden sind.

Mit mir selbst zu sprechen hilft immer. Ich setze mich aufs Bett und atme langsam ein und aus. Plötzlich verstehe ich, warum sich das lila Ding aufgerichtet hatte und was das Ziel dieser klopfenden, schaukelnden Annäherung war.

Ich war das Ziel.

Ich bin nicht zurückgeblieben. Ich bin aufgeklärt. Durch

Oma, aus Mangel an einer geeigneteren Person, aber sie hat ihr Bestes gegeben.

Wer auf der Welt hat sich das ausgedacht? Warum hört man nie jemanden über diesen schrecklichen Fehler der Schöpfung sprechen?

Es ist mir erspart geblieben, aber eines Tages wird Mark finden, dass ich durchmuss – oder eigentlich er durch mich.

Während ich mir die Hände auf den Bauch lege, weil der bekannte Krampf eine Woche zu früh losgeht, versuche ich zu verstehen, wie so etwas möglich ist. In mir scheint doch noch nicht mal genug Platz für einen unscheinbaren Tampon zu sein.

Ich zittere so sehr, dass ich auseinander fallen werde, wenn das so weitergeht. Ich muss mit jemandem sprechen. Aber mit wem?

Schließlich nehme ich Omas Kochbuch vom Regal und halte es vorsichtig in meinen zitternden Händen. Es stammt noch von Omas Oma und fällt fast auseinander, aber ich bin sorgfältig damit umgegangen, der Einband ist noch heil.

Es ist nicht nur ein Kochbuch, sondern auch ein Buch über Haushaltsführung und es beginnt mit Tipps fürs Saubermachen. Ich lese alles über Ochsengalle und grüne Seife und wie man Fettflecken mit Essig behandelt, wie man Rotweinflecken aus Damasttischdecken bekommt (mit Weißwein), und als ich mich sauber genug fühle, mache ich mich an die Pasteten und die kalten Vorspeisen und die drei verschiedenen Rezepte für Erbsensuppe.

Es nützt. Beim Lesen sehe ich Oma vor mir, mit ihren tiefen Falten und ihren Fingerknöcheln, die steif waren vor Gicht.

Oma würde mich beruhigt haben. Ich hätte ihr gar nichts von Mark zu erzählen brauchen, ich hätte mich einfach an sie gedrückt und alles wäre gut geworden. Ich lese laut vor, wie man Gemüsesuppe macht, in der Hoffnung, dass ich mich auch wieder an ihre Stimme erinnere.

Ich höre Ma in der Küche hin und her gehen, und mir fällt ein, dass nichts zu essen im Haus ist. Aber ich kann nicht aufstehen. Ich klammere mich an das Kochbuch, als hinge mein Leben davon ab.

Den Fisch überblättere ich. Ich erinnere mich an Bilder mit glibbrigen Fischkörpern und blassen blauen Augen, ich überschlage sie, ohne hinzuschauen. Nach kurzem Nachdenken lasse ich auch die Fleischgerichte aus.

Das Kapitel »Gemüse«, so unschuldig es auch scheint, entpuppt sich als eine Ansammlung von Stängeln, Wurzeln und Knollen in allen möglichen Farben und Formen. Ich blättere schnell zu den Nachtischen weiter.

Die Puddings aus Stärke und Gelatine und Maizena locken mich überhaupt nicht, deshalb überschlage ich auf dem Weg zu Eis und Gebäck eine Anzahl Seiten. Ein Faltblatt rutscht aus dem Buch und landet auf meinem Schoß. Ich stecke es zurück. Dabei sehe ich das glänzende, lilafarbene Ding auf der oberen Seite. Ich erschrecke und lasse das Kochbuch los. Das Faltblatt fällt zu Boden.

Stell dich nicht an, sage ich zu mir und bücke mich, um es

aufzuheben. Das Buch rutscht von meinen Knien und fällt ebenfalls zu Boden. Blätter und lose Zettel mit Rezepten fliegen herum. Nun ist das Kochbuch schließlich doch noch kaputtgegangen.

Oma ist selbst schuld. Sie hat mich nicht getröstet. Sie ist gestorben und jetzt hat sie mich auch noch erschreckt.

Ich betrachte das Faltblatt. Es ist eine alte Reklame zur Einführung eines neuen Gemüses, den Auberginen. Das abgebildete Exemplar, zigarrenförmig, saftig und fleischig, ist zu einem zarten Lila verblasst. Auf dem Foto ist eine fröhliche Dame zu sehen, die gerade einen Bissen in ihren runden Mund steckt, und darüber steht mit verschnörkelten Buchstaben: *Und so aß Tante Tine – ihre erste Aubergine*.

Ich bekomme einen Lachanfall und dann fangen meine Augen an zu laufen. Ich heule Rotz und Wasser zwischen den verstreuten Rezepten wie ein Chefkoch, der seine Berufswahl bedauert.

Ma kommt herein.

Ist es ihr leerer Magen oder mein Geheule, das sie in mein Zimmer führt? Sie steht eine Weile da und versucht, die Szene zu begreifen, dann sagt sie zögernd, mit einem hungrigen Unterton: »Wir können auch was vom Chinesen bestellen, ausnahmsweise.«

13

Genug ist genug. Jemand muss für mich sorgen. Nach einer strengen Kandidatenauswahl bleibe nur ich übrig. Ich benutze eine Freiarbeitsstunde am Montagmorgen, um ein Programm aufzustellen.

1. Mit Mark ist es aus. Ich werde ihm erklären, dass ich noch nicht so weit bin, um »da durchzumüssen«.

2. Ich muss die Bilder aus meinem Kopf bekommen. Ich kann keinen alten, grau gewordenen Lehrer sehen, ohne mir vorzustellen, wie er alle möglichen Teufel aus der Schachtel springen lässt, wenn ich einen Moment nicht aufpasse: aus seinem Mund, seiner Hose, seinen Ärmeln und vielleicht sogar aus seinen Ohren.

Mein Kopf ist voller grässlicher, herumtanzender, rosafarbener Knackwürste und grinsender nackter Zwerge, als hätte Disney-World eine Filiale in der Hölle eröffnet.

Wie kann ich meinen Kopf von innen sauber fegen? In Gedanken blättere ich das Fleckenkapitel in Omas Kochbuch durch.

Entferne Weinflecken mit Wein. Auge um Auge, Kuss um Kuss, ich muss es mit jemand anderem tun. Dann werden die Bilder bestimmt weggehen. Mit einem Jungen. Mit jemandem, der so alt ist wie ich. Der nicht überall behaart ist. Mit einem, der ein Anfänger ist, so wie ich selbst. Jemand, der in mich verliebt ist und nichts tun wird, was ich nicht will. Hakim.

Ich schiebe diesen Teil meiner Wiederherstellung noch ein bisschen hinaus und konzentriere mich auf den nächsten Punkt.

3. Eine Freundin. Ich brauche eine Freundin. Nicht, um ihr mein Herz auszuschütten. Rita hat mir ein für alle Mal die Lust genommen, was auch immer auszuschütten. Ich muss mich auf die Suche nach einer Freundin machen, um durch die Tage zwischen dem aussichtslosen Heute und der endlosen Zukunft zu kommen.

Iwan hebt fröhlich die Hand, als er mich sieht, und Wanja wedelt, bleibt aber, wo er sitzt. Hakim lacht breit, und sogar die Mädchen vom Orchester begrüßen mich, als hätten sie mich vermisst. Aber deshalb bin ich nicht hergekommen.

Ich schaue mich nach Marie-Louise um. Sie ist in ein Gespräch mit Derk Jan vertieft. Ganz offensichtlich ist sie nicht auf der Suche nach einer Freundin. Ich setze mich ans Klavier.

No Sweat macht Übungen am Barren. Er versucht, sich auf seine wurstförmigen Arme zu stützen und seine Schinken über den Balken zu schwingen. Beide Versuche misslingen.

Die Ratten aus der Orientierungsstufe spielen eine neue Szene. Sie tanzen mit schwingenden Armen über die Bühne und machen Schwimmbewegungen.

»Wir haben was verändert«, sagt Marie-Louise neben mir.

Ich schaue zur Seite und sehe die rote Glut, die ihre Haut

überzieht. Aber sie presst die Zähne zusammen und spricht weiter. »Wir machen es so, wie du gesagt hast. Die Eltern weinen einen Strom von Tränen, auf dem die Ratten zurückgeschwommen kommen, aber die Kinder nicht.«

Sie holt tief Luft und starrt zu Boden. Bestimmt hat sie Angst, dass ich eklig reagiere, aber sie bleibt hartnäckig stehen.

In meinem Magen flattert etwas. Mein Gesicht wird warm. Ich muss ein paar Mal blinzeln.

»Warum wurde es verändert?«, frage ich.

Deutlich hörbar atmet sie aus. »In den Weihnachtsferien war der Elternbeiratsvorsitzende da, um es sich anzuschauen.«

»Derksen.«

Sie wird noch tiefer rot. Purpurn.

»Er hat sich mit Iwan gestritten.«

»Lass mich raten: wegen des Niveaus.«

Sie nickt. Armer Derk Jan.

»Er hat gesagt, die Musik wäre unter dem Level und die Texte auch, und dass es kein Wunder sei, dass diese hervorragende Pianistin die Sache hingeworfen habe.«

»Sorry«, sage ich.

»Und dann sagte er etwas über westliche Tradition, die wir trotz allem hochhalten müssten, gerade jetzt ...«

»Du lieber Himmel!«

»Das kannst du laut sagen. Silvester wurde rasend und hat geschrien. Er sagte, dass kein Mensch mehr ins Orchester gehen würde, wenn wir nur Mozart spielten, und dass Türken auch ihre Musik hätten und sogar Schwarze, stell dir das vor.

Dann sprang Hakim auf, der hat sowieso schon die ganze Zeit schlechte Laune gehabt, weil du nicht da warst, und schrie …« Sie dachte einen Moment nach. »Oh ja. ›Nieder mit dem weißen Quark, die Marokkaner sind jetzt stark.‹ Da mussten wir alle lachen und Derksen ist wütend abgezogen. Danach haben wir eine Versammlung abgehalten. Schade, dass du nicht dabei warst.«

»Ja, das finde ich auch«, sage ich und meine es ernst.

»Wir haben den Schluss verändert, damit er nicht mehr so süßlich ist. Den Eltern soll es ruhig Leid tun, sie bekommen ihre Kinder nicht mehr zurück. Das wäre zu einfach.«

Ich habe sie noch nie so lange sprechen gehört. Ich sehe, dass sie sich Mühe geben muss, aber sie beißt sich durch.

»Derksen hat verlangt, dass Iwan entlassen wird, er hat nur einen befristeten Anstellungsvertrag. Derksen sagte, Iwan würde nicht in das Schulklima passen. Und die Elternversammlung bezahle schließlich das Schulorchester.«

»Was für ein …«

Sie unterbricht mich. Vielleicht will sie kein böses Wort über ihren Schwiegervater hören. »Derk Jan hat mit ihm gesprochen. Er soll sich doch noch gedulden und erst die Vorstellung abwarten. Aber sein Vater meint, dass alle Eltern mitten in der Aufführung den Saal verlassen werden.«

Iwan klatscht in die Hände.

»Warst du in den Weihnachtsferien verreist?«, fragt Marie-Louise schnell. »Iwan hat bei dir angerufen, aber es ging keiner ans Telefon. Da bin ich mal bei dir vorbeigegangen. Und nach den Ferien hätte ich dich gern besucht, aber du hast mich überhaupt nicht wahrgenommen. Du bist die ganze Zeit so abwesend herumgelaufen. Ich habe gesehen, dass du dich beschissen fühlst, aber ...«

Sie macht den Satz nicht fertig. Sie streckt zögernd die Hand aus und legt sie mir auf den Arm. Ich muss an den Tag nach den Weihnachtsferien damals denken, als sie in der Klasse *Komm runter vom Dach* gesungen haben. Damals hat Marie-Louise meine Partei ergriffen. Ich möchte mich ja gern mit ihr anfreunden, aber ihr Mitleid kann ich nicht brauchen.

»Küsst Derk Jan eigentlich gut?«, frage ich.

Sie dreht sich um und lässt mich stehen.

Ich trödle nach der Probe und warte, bis Hakim weggeht. Er rennt Iwan nach und redet auf ihn ein, mit einer hohen, nervösen Stimme, als wolle er Eindruck schinden.

Was für ein kleiner Junge er noch ist, denke ich und wünschte, ich könnte noch zurück, aber die Stunde null ist gekommen. Es ist Zeit für die Operation Kuss um Kuss.

Ich warte am Fahrradständer auf Hakim. Ich muss mir in die Hände blasen, um sie warm zu halten. Auf meinem Sattel liegt eine dünne Schicht gefrorener Schnee.

»Was tust du noch hier?«, fragt er erstaunt, als er mich sieht.

Das klingt nicht ganz wie eine leidenschaftliche Liebeserklärung, aber ich lasse mich nicht entmutigen.

»Ich habe auf dich gewartet«, sage ich mit einer hintergründigen Stimme. »Möchtest du mich küssen?«

Er bleibt still stehen. Ich hoffe, dass ich die richtige Formulierung benutzt habe. Es sollte sich anhören wie bei einem Mädchen mit vierzehn, das von Tuten und Blasen keine Ahnung hat.

Er bleibt sehr lange still. Vielleicht sollte ich den Worten Taten folgen lassen. Ich stelle mich vor ihn und drücke meine Lippen auf seine. Zum Glück sind sie trocken. Ich mobilisiere all meine Kräfte und mache meinen Mund ein kleines bisschen auf.

Er weicht zurück.

»Ich habe gedacht, du wärst verliebt in mich«, sage ich erleichtert und gekränkt. »Ich habe gedacht, du wärst froh, dass ich beim Musical wieder mitmache.«

»Bin ich auch. Aber was ist mit dir los?«

»Mit mir? Nichts. Außer dass du mich nicht küssen willst.«

»Lori, ich will dich küssen. Aber nicht hier. Nicht jetzt.«

Er stottert ein bisschen, und ich will ihn überhaupt nicht mehr küssen, höchstens festhalten und trösten und danach kitzeln und ihm nachrennen, über den ganzen Schulhof, und ihm seine Murmeln klauen. Aber dafür ist es zu spät.

»Du willst also nicht«, sage ich.

»Nicht so, Lori. Was ist mit dir? Wir sind doch erst vierzehn, der Zug ist noch nicht abgefahren.«

Erst vierzehn. Bei ihm stimmt das.

»Es ist ganz normal, dass man sich küsst, wenn man verliebt ist«, sage ich böse.

Hakim senkt den Kopf. »Du bist nicht verliebt in mich.«

»Für gute Freunde ist es auch ganz normal.«

»Normal ist mir egal.«

Normal ist ihm egal. Normal ist das Allerwichtigste. Da bricht es aus mir heraus. »Du bist überhaupt nicht verliebt in mich, du hast gelogen, wahrscheinlich willst du nur hinter meinem Rücken lachen. Es liegt nicht daran, dass du vierzehn bist, sondern daran, dass du zurückgeblieben bist. Du solltest lieber so ein Kleid anziehen wie dein Vater und dich auf einen Teppich legen und beten, mit dem Arsch nach Westen.«

Das ist ein Volltreffer. Hakim macht den Mund auf und zu, dann schließt er sein Fahrrad auf und zieht es aus dem Ständer.

»Der Apfel fällt nicht weit vom Stamm«, sagt er so provozierend niederländisch wie möglich. Und für den Fall, dass ich ihn nicht richtig verstanden habe: »Du bist wirklich verrückt.« Er fährt weg.

Als ich in der Dunkelheit nach Hause fahre, während der Schnee auf meinem Sattel langsam schmilzt und meine Hose und meine Unterhose durchweicht, weiß ich, dass ich letzten Endes doch auf einer einsamen Eisscholle gelandet bin und dass die Seehunde, die Pinguine und die Menschen sich von mir abgewandt haben.

Zwei von drei Punkten meines Programms habe ich schon versaut. Wenn ich überhaupt noch etwas erreichen will, muss ich mir einen besseren Coach suchen.

Punkt 1, mit Mark Schluss machen, muss noch ein bisschen warten. Das ist noch zu schwierig für mich.

Zum Glück habe ich ihm in den vergangenen Tagen aus dem Weg gehen können. Die Vorlesungen und Seminare haben wieder angefangen. Wenn ich es schaffe, abends in der Wohnung zu bleiben, brauche ich ihm nicht zu begegnen.

Natürlich müssen wir miteinander sprechen. Ich stelle mir ein neutrales Lokal vor, aber das Fleisch ist schwach. Wenn ich mich von ihm niederquatschen lasse, liege ich gleich wieder im Bett und zapple wie ein Fisch.

Ich zwinge mich, doch wieder zu den Musikproben zu gehen. Ich habe Angst, Hakim zu treffen, und mit Marie-Louise habe ich es mir auch vermasselt.

Ich sitze am Klavier und schaue Love Gerritsen und No Sweat zu, die versuchen, ein rättisches Liebespaar darzustellen. Silvester gibt Anweisungen. Er scheint genau zu wissen, wie sich verliebte Ratten benehmen. Wenn er es No Sweat vormacht, muss ich beinahe lachen. Ratten küssen nicht, das ist bestimmt ein Vorteil. Plötzlich stehe ich auf und gehe zu Silvester.

Ich deute auf das schmusende Paar. »Das ist das unwahrscheinlichste Duo des Jahrhunderts«, sage ich leise.

»Was du nicht sagst!«, murmelt Love beleidigt.

»Schön, dass du wieder mitmachst«, sagt Silvester trocken.

Ich gehe zum Klavier zurück. Hakim sitzt auf der anderen Seite des Saals und starrt seine Schuhe an. Ich traue mich noch nicht, ihm unter die Augen zu treten.

Ein Schatten fällt über die Tasten und ich hebe den Kopf. Niemand außer Marie-Louise kann so leise wie ein Geist näher kommen.

Ich bin erstaunt, sie zu sehen, und ich schäme mich, aber Schämen ist ihre Spezialität. Sie ist von Kopf bis Fuß rot, jedenfalls die Teile, die ich sehen kann. Ein roter Geist.

»Du hast nach Derk Jan gefragt«, sagt sie.

Ich richte mich auf, bereit für die hasserfüllte Bemerkung, die ich verdient habe, aber da kenne ich Marie-Louise schlecht.

»Wir küssen uns nicht«, sagt sie, »noch nicht. Und ich bin froh darüber. Denn wir brauchen nur im selben Raum zu sein, da ist die Luft schon wie prickelnde, süße Limonade. Verstehst du das?«

»Nein«, sage ich. Ich verstehe nur, dass Marie-Louise nicht feige ist, und davor habe ich Respekt.

»Wenn alles prickelt und glüht und Funken sprüht«, sagt sie. »Wenn er mich anschaut, gehe ich in die Luft, und wenn wir miteinander sprechen, sitze ich auf einer Wolke. Nach fünf Minuten muss ich weggehen, weil ich sonst platze. Verstehst du es jetzt?«

»Nein«, sage ich. Ich schaue ihr ins Gesicht und sehe die rote Farbe nicht mehr. Wenn sie sich darüber hinwegsetzen kann, kann ich es auch. Und ich kann in meinem Leben jemanden Mutigen gebrauchen.

Es wäre schön, eine Freundin zu haben. Man könnte nach der Schule zusammen Hausaufgaben machen und kichern. Es wäre jedenfalls spannender, als bei behaarten Erwachsenen auf dem Bett zu liegen.

»Sollen wir mal zusammen Musik machen?«, frage ich.

Sie schaut eine Weile zu Boden. »Wir haben kein Klavier«, sagt sie schließlich.

Wir schon, möchte ich sagen, aber das weiß sie natürlich. Und was wir noch zu Hause haben, wird sie wohl ebenfalls wissen. Also traut sie sich nicht. Und gerade habe ich noch gedacht, sie wäre sehr tapfer.

Iwan unterbricht uns. Wir müssen weiterproben.

Innerlich beschimpfe ich mich, weil ich so dumm gewesen bin.

Ich und eine Freundin, von wegen! Wenn Ostern und Pfingsten auf einen Tag fallen.

In der Pause kommt sie zurück.

»Und bei dir zu Hause?«, fragt sie. »Geht das?«

Ich nicke. Und dann packt mich der Schrecken. Bei mir zu Hause? Aber das würde nichts schaden. Sogar wenn Ma jetzt aufhört, ihre Tabletten zu nehmen, dauert es Tage, bis sie keine Wirkung mehr haben.

»Ich muss aber erst fragen«, sagt sie. Natürlich macht sie einen Rückzug. Sie leiht sich Madelons Handy und ruft sofort zu Hause an. Der Rest der Probe geht an mir vorbei. Habe ich heute Morgen mein Bett gemacht? Liegen dreckige Kleidungsstücke herum? Sitzt Ma ordentlich angezogen auf einem Stuhl? Haben wir Kekse zu Hause?

Dies ist der dritte Punkt meines Programms.

Ein bisschen nervös radle ich neben Marie-Louise her und summe eine Melodie aus dem Musical. Wir spielen sie, wenn die Ratten hinter Hakim herlaufen, angelockt durch sein Flötenspiel. Es ist eine Melodie ohne Text, den denke ich mir gerade aus. Ich werde das Lied No Sweat geben, er hat erst zwei.

»This isn't love,
this is Pawlow«,

singe ich.

»Was?«, fragt Marie-Louise, aber wir sind schon da. Wir stellen unsere Fahrräder unter und ich fühle mich auf einmal ganz leicht. Ich habe mir ein Lied ausgedacht und das können wir zusammen fertig machen.

Ich renne die Treppe hoch. Fast bin ich an Marks Tür vorbei, als sie plötzlich aufgeht und er direkt vor mir steht.

»Kommst du gleich mal vorbei?«, fragt er. »Ich habe gute Neuigkeiten. Ich habe beschlossen ...« Er sieht Marie-Louise und schweigt.

Ich nicke und gehe weiter. Gute Neuigkeiten? Er wird umziehen, denke ich plötzlich erleichtert. Bald werde ich wieder ich selbst sein, einfach ein nettes Mädchen von vierzehn, mit Freunden und sogar mit einer Freundin. Morgen werde ich mich mit Hakim versöhnen.

Ich winke Ma fröhlich zu und nehme Marie-Louise mit hinauf ins Dachzimmer.

»Wer war das?«, fragt sie.

»Unser Nachbar.«

»Er hat dich so komisch angeschaut.«

Marie-Louise und ich machen einen Wettbewerb im Rotwerden. Sie kann es besser, aber ich habe mehr Grund dazu.

»Als wäre er verliebt in dich oder so.«

»Hör auf.«

Ich mache den Ofen an und setze mich ans Klavier. Marie-

Louise stimmt ihre Geige. Was für ein Glück, dass wir musizieren können, ich wüsste sonst nicht, was ich sonst mit ihr anfangen sollte. Auf dem Bett sitzen und kichern, dafür muss man genügend geübt haben. Ich singe ihr das Pawlow-Lied vor und sie versteht es sofort.

»Das haben wir in Biologie gehabt«, sagt sie. »Etwas mit organisierten Reflexen oder so.«

Ich möchte sie verbessern, aber plötzlich höre ich, dass jemand auf dem Treppenabsatz rumort. Ein Schreck durchfährt mich, aber das ist natürlich überflüssig. Es ist Mark, der seine Sachen packt.

»Deine Mutter?«, fragt Marie-Louise.

»Der Nachbar.« Ich erkläre ihr, dass der Dachboden gemeinsam genutzt wird.

»Pfui Teufel«, sagt sie. »Ein fremder Kerl im Haus.«

»Pssst, er kann dich hören.« Wir lachen nervös. Ich habe keine Lust mehr, Musik zu machen.

Als er wieder unten ist, gehen wir in mein Zimmer. Da sitzen wir dann, sie auf einem Stuhl, ich auf dem Bett. Sie will keinen Tee. Ich weiß nicht, was ich zu ihr sagen soll. Ihre Hausaufgaben für morgen hat sie auch nicht dabei.

Sie schaut sich ein bisschen um, aber viel gibt es nicht zu sehen. Die Wohnung hat eine Renovierung nötig, vor allem mein Zimmer. Die Tapete hängt da und dort in Streifen herunter und der Teppich ist abgetreten und nicht sehr sauber.

Sie starrt wieder ihre Zehen an, aber sie gibt nicht auf.

»Ich werde Jura studieren«, sagt sie. »Und du?«

Ich zucke mit den Schultern.

»Manchmal lese ich nur zum Vergnügen Rechtsfälle durch. Es stehen zwar oft schwierige Wörter drin, aber da frage ich meine Mutter. Ich möchte auch Anwältin werden, genau wie sie.«

Da hat sie noch einen langen Weg vor sich. Wenn ich vor Gericht erscheinen müsste, würde ich nicht gerne von einer Frau verteidigt werden, die rot wird und stottert und zu verlegen ist, etwas zu sagen. Aber es gehört sich nicht, einen Gast zu kränken, ich behalte meine Gedanken für mich.

Vielleicht hat sie Beifall erwartet. »Was willst du werden?«, fragt sie.

Werden, denke ich. Ich bin ja noch nicht mal was.

Nach einer Weile bringe ich sie hinaus. Freundschaft, das Fach habe ich nicht gelernt.

Ma hat wieder ganz aufgehört zu kochen, und weil wir blank sind, habe ich Karotten und Zwiebeln gekauft. Die waren im Angebot. Ich habe eine ordentliche Menge Eintopf eingefroren.

Ich mache mir eine Portion in der Mikrowelle warm und versuche, das Essen runterzukriegen. Ich habe zu Mark gesagt, dass ich bei ihm vorbeikommen würde, um mir seine Neuigkeiten anzuhören.

Ich glaube, er wird heraufkommen und klingeln, wenn ich wegbleibe. Das hat er schon mal getan, als er uns ein Weihnachtsgesteck gebracht hat. Ma hat sich wohl mit seiner Anwesenheit im Haus versöhnt, denn sie hat es einfach angenommen. Ich fand die Reste dann im Abfalleimer. Die Kerze hatte sie herausgenommen und aufgehoben.

Ich weiß nicht, warum ich so davor zurückschrecke. Ich muss einfach in den sauren Apfel beißen. »This isn't love, it's Pawlow«, murmele ich, als ich die Tür hinter mir zumache. Langsam gehe ich die Treppe hinunter.

Vor seiner Tür bleibe ich stehen und hole tief Luft. Das Fleisch ist schwach, sage ich streng zu mir, aber das Gemüse ist stark. Denk an Auberginen.

Er sieht so fröhlich aus, als habe er einen Entschluss gefasst, der ihm viel Freude bereitet. Ich bleibe mitten im Zimmer stehen.

»Ich habe noch eine Menge Hausaufgaben zu machen«, sage ich.

Er kommt auf mich zu. Ganz ruhig mache ich einen Schritt zur Seite und betrachte die Bücher in seinem Regal. Es darf nicht aussehen, als hätte ich Angst oder wolle nicht. Dann wird er wieder damit anfangen, wie eine normale junge Frau zu sein hat. Ich versuche auszusehen wie eine normale junge Frau, die viel Hausaufgaben zu machen hat und nur für ein kurzes Schwätzchen vorbeigekommen ist.

Es klappt. Er setzt sich in den Lehnstuhl. »Ich mache mir Sorgen, wie es mit dir weitergehen soll«, sagt er.

»Das ist nicht nötig«, sage ich erleichtert. Er wird also wirklich umziehen. Einen Moment lang habe ich Lust, mich zu ihm zu setzen, zum letzten Mal, als Abschied, jetzt kann es schon nichts mehr schaden. Aber dann denke ich schnell an Auberginen und bleibe stehen.

Ich muss ihm klar machen, dass ich ganz gut ohne ihn zurechtkommen werde. Oder klingt das nicht nett?

»Wie früh du heute nach Hause gekommen bist«, sage ich dann.

»Ich gehe nicht mehr zur Uni.«

Ich erstarre. Ich verstehe nicht, worauf er hinauswill.

»Ich habe schon ein paar Klausuren verpasst. Dieses Semester schaffe ich es doch nicht mehr. Und ich finde, dass du in der letzten Zeit ganz und gar nicht ausgeglichen bist. Du brauchst jemand, der dich auffängt.«

Auffängt? Ich bin doch kein Ball, denke ich. Aber ich bekomme kein Wort heraus. Er zieht nicht um, im Gegenteil. Er bleibt in Zukunft auch tagsüber zu Hause.

Plötzlich sehe ich es vor mir. Jeden Tag, wenn ich aus der Schule komme, wird er mich erwarten. Mit Tee und einem aufmerksamen Ohr. Ein aufmerksames Ohr, in dem Haare wachsen.

Das Zimmer fängt an, sich um mich zu drehen. Warum hat er seinen Ofen immer so hoch gestellt?

Ich schaue hinauf zur Decke. »Ich höre Ma«, sage ich. Ruhig und aufrecht verlasse ich das Zimmer. Die normale junge Frau geht wieder nach Hause.

Ich ziehe seine Tür hinter mir zu und renne die Treppe hinauf.

Eine normale junge Frau kotzt Eintopf.

14

Meine Finger sind erfroren. Der Wind heult durch den Metallrost. Man könnte besser auf einer einsamen Eisscholle überwintern als auf einer Feuertreppe.

Fast wäre es gut gegangen. Ich wollte mich gerade an Marks Fenster vorbeischleichen, als drinnen auf einmal das Licht anging. Er schien direkt auf mich zuzukommen.

Ich ging in die Knie und kroch auf Händen und Füßen rückwärts nach unten. Wenn ich weiter hinaufgegangen wäre, hätte er mich nicht einholen können, aber dann hätte er meinen Geheimpfad gekannt. Und den brauche ich noch dringend.

In seiner Küche brennt immer noch Licht und aus dem offen stehenden Oberfenster dringen Geräusche. Geräusche und herrlich verlockende Düfte. Gebratener Speck, schätze ich mal, und braune Bohnen. Bestimmt ist auch eine Portion für mich dabei. *Komm her, mein Kätzchen, ich habe ein paar leckere Häppchen für dich, ich werde dir nichts tun, ich liebe dich.*

Wenn er jetzt die Küche verlassen würde, könnte ich mich an seinem Fenster vorbeischleichen. Wäre er nur nicht so ein guter Hausmann, der sich stundenlang mit Kochen beschäftigen kann. Hätte er doch bloß eine Mikrowelle, so wie wir.

Ich traue mich nicht mehr an seiner Wohnungstür vorbei. Am ersten Tag habe ich es mit Schleichen versucht. Ich hatte mir die Schuhe ausgezogen und lief so leise hinauf, dass er mich unmöglich hören konnte.

Vielleicht hat er mich ja gerochen. Plötzlich stand er vor mir. »Wieso hast du deine Schuhe nicht an?«, fragte er.

»Es ist Hundescheiße dran«, sagte ich und schob ihm einen Schuh unter die Nase. Er wich zurück und ich rannte an ihm vorbei. Und dann saß ich eingesperrt in der Wohnung. Ich konnte noch nicht mal Klavier spielen. Wenn er das gehört hätte, wäre er zum Dachboden gekommen.

Als ich am nächsten Morgen in die Schule ging, hoffte ich, dass er noch schlief. Ich kam heil und gesund an ihm vorbei.

An jenem Tag versöhnte ich mich wieder mit Hakim. Ich ging in der Pause auf ihn zu. »He, Käpt'n Haak«, sagte ich. Der alte Spitzname sollte ihn daran erinnern, dass wir schon sehr alte Freunde sind.

»Lorilor, Brei hinterm Ohr«, sagte er.

»Wenn du nachher mit mir nach Hause gehst, werde ich für dich spielen«, sagte ich erleichtert.

Er nickte steif. Es war noch zu früh für Fröhlichkeit.

Nachmittags kam er mit mir. Ich hoffte nur, dass Mark nicht herauskam, wenn er merkte, dass ich jemanden dabeihatte.

»Du musst fest aufstampfen auf der Treppe«, sagte ich zu Hakim. »Und laut reden. Dann weiß meine Mutter, dass wir kommen.«

Laut dröhnend und trompetend gingen wir wie zwei Elefanten die Treppe hinauf und nichts passierte. Wir begrüßten Ma und gingen hinauf auf den Dachboden.

Als ich die Tür meines Musikzimmers von innen abschloss, machte Hakim ein ängstliches Gesicht.

»Die Nachbarn unter uns haben hier oben ihre Abstellkammer«, sagte ich. »Ich will nicht, dass jemand hereinkommt.«

Er nickte, blieb aber ein wenig entfernt vom Klavier sitzen.

Ich spielte ihm mein neues Lied vor und er sang mit.

Es dauerte nicht lange, da hörte ich Mark die Treppe heraufkommen. Wieder fing er an zu rumoren.

Ich hätte ihm einen Brief schreiben müssen, wie sich das gehört. Es lag nur an mir. Ich hatte ihn gewähren lassen und plötzlich wollte ich nicht mehr. Nicht normal und ganz bestimmt nicht ausgeglichen. Ich musste mich bei ihm entschuldigen.

Hakim hörte ihn herumlaufen. Bestimmt war er erleichtert, dass tatsächlich andere Leute auf den Dachboden kamen. Er rückte seinen Stuhl näher zum Klavier.

Am nächsten Morgen hielt mich Mark auf. Vielleicht wartete er schon seit sechs. Jedenfalls war er angezogen, bis auf die Schuhe. Er trug Ollie-B.-Bommel-Socken, der Bär aus dem Comic war draufgedruckt.

Ich hielt mir den Rucksack vor den Bauch, zwischen ihn und mich. »Ich bin zu spät dran für die Schule«, piepste ich.

Eigentlich sah er nicht aus wie jemand, der früh aufgestanden war. Eher wie jemand, der eine Woche lang nicht geschlafen hat. Er war blass und hatte rote Augen. Und Stoppeln auf dem Kinn. Sein Gesicht sprach Bände und es war bestimmt kein schönes Buch. Ich tat ihm weh, ich verletzte ihn, er liebte mich, ich liebte ihn doch auch, was sollte dieser Irrsinn.

Ich wartete, dass er das alles sagen würde, aber es kam etwas ganz anderes.

»Wer ist dieser Junge?«, fragte er.

»Junge?«

»Den du gestern mitgebracht hast.«

»Ich muss zur Schule«, sagte ich. Der Augenblick schien mir ungeeignet, meinen Freundeskreis mit ihm zu besprechen.

»Was hat dieser Junge hier gemacht?«

Ich brachte es fertig, ihn anzuschauen. Was ich in seinen Augen sah, gefiel mir überhaupt nicht. Ich stürmte an ihm vorbei und sprang, zwei Stufen auf einmal, die Treppe hinunter. Ich war froh, dass er keine Schuhe anhatte.

Ich packte mein Fahrrad und jagte über die Gehsteige bis zum Park. Ich hoffte, ich könnte einen Skater umfahren, aber keiner war zu sehen.

»Was hat der Junge hier gemacht?«

Er hat mir zumindest keine ekligen Küsse gegeben und an mir herumgefummelt und mir Vorträge über normale Frauen und normale Gefühle und die Liebe gehalten!

Sogar Ma, die doch wirklich keine in jeder Hinsicht vollkommene Mutter ist, fiel es nicht ein, sich bei meinen Freunden einzumischen. »Wer war dieser Junge und was hat dieser Junge hier gemacht?«

Um ein Haar verpasste ich ein paar Tauben und danach die ersten Unterrichtsstunden, denn ich fuhr einfach weiter, durch den Südteil der Stadt bis zum Zentrum und dann in den Westen, während ich schrie und in die Pedalen trat, als wären sie an allem schuld. Und als ich zur Schule zurückfuhr, wusste ich, dass ich ohne Hilfe nicht entkommen konnte.

An diesem Nachmittag ging Marie-Louise mit mir nach Hause. Ich hatte nicht erwartet, dass sie es tun wollte, aber sie hatte sich gefreut. Unterwegs kauften wir Chips und ein paar Comics und machten es uns gemütlich und lasen. Es klappte besser als beim ersten Mal. Gemütlich war nicht das richtige Wort, aber noch zwanzigmal probieren, dann würde es vielleicht was werden.

Endlich. Das Licht in der Küche geht aus. Ich warte noch einen Moment lang, zur Sicherheit, und schleiche mich am Fenster vorbei. Ich bilde mir ein, dass dunkle Fangarme durch die Scheiben wachsen und an mir vorbeigleiten. Ich kann die Treppe nicht hinaufrennen, ich muss leise sein.

Das Küchenfenster. Ich bekomme es nicht auf. Hoffentlich hat Ma es nicht eingehängt. Mit steifen Fingern fummle ich am Falz. Es macht ein bisschen Lärm und ich werfe einen Blick hinunter. Keiner zu sehen. Endlich lässt sich das Fenster hochschieben. Ich krieche hinein. Am Ofen in meinem Zimmer werde ich auftauen. Aber zuerst muss ich was essen. Ich habe auf der Treppe so einen Hunger bekommen, dass ich Lust auf alles habe. Außer auf Speck.

Noch ein paar Tage Schule und dann, am letzten Abend, das Musical. Danach fangen die Frühjahrsferien an und ich brauche nicht mehr aus dem Haus zu gehen. Dann kann ich mich notfalls zwei Wochen in der Wohnung verstecken, bis ich einen Brief geschrieben habe, der sich gewaschen hat. Und den er ernst nehmen muss. Denn ich höre seine Antwort schon, bevor ich überhaupt angefangen habe zu schreiben: Das gehört dazu, meine Abneigung. Das ist ganz natürlich bei einer jungen Frau und er wird mir darüber hinweghelfen.

Ich höre nicht mehr hin. Jeder Tag hat genug eigene Schwierigkeiten.

15

Iwan hat für jeden eine neue Partitur geschrieben. Wegen der vielen Veränderungen waren die Noten kaum mehr zu lesen. Auf den Umschlag hat er einen komischen Rattenfänger gezeichnet, natürlich mit Hund.

No Sweat bringt mir meine. Sein Rattenkopf hängt ihm hinten im Nacken. Er bleibt noch kurz am Klavier stehen.

»Ich hätte nie geglaubt, dass ich mal mit Vergnügen in den Turnsaal gehe«, sagt er plötzlich.

»Aula, No Sweat«, sage ich. »Heute Abend heißt er Aula.«

Er ist schon wieder weg. Er späht durch einen Spalt im Vorhang. »Es ist voll!«, flüstert er aufgeregt.

Love Gerritsen schiebt ihn zur Seite und schaut auch. Mit einer Hand hält sie elegant ihren Schwanz fest, um nicht darüber zu stolpern. Sie kichert. »Ich sehe meine Mutter!«

»Wo? Wo?« Ajax und Pepsi kommen dazu und drängeln sich wie richtige kleine Ratten vor dem Vorhang.

Hakim sitzt in den Kulissen und kaut an seinen Nägeln und streichelt Wanja, der nervös jault.

Iwan steht bei der Lautsprecheranlage und zwinkert mir zu. Bestimmt glaubt er, dass er mich beruhigen müsse, aber ich bin die Ruhe selbst. Eine Musikaufführung, na und? Es gibt wichtigere Dinge im Leben. Und am allerwichtigsten ist, dass keines der Dinge, die die Erwachsenen wichtig finden, das auch wirklich ist.

Der Saal ist wie ein summender Bienenkorb. Insekten sind sie, all diese Väter und Mütter, sonst nichts. Hakims Eltern sind nicht mal gekommen. Und die von Silvester auch nicht. Er scheint kein Problem damit zu haben. Aber er hat wenigstens seinen Onkel und seine Tante.

Ich rufe ihn leise und deute auf den Saal. Er nickt und lacht und winkt mir zu.

Ich gehe hinüber zu ihm. Er schiebt am Bühnenrand den Vorhang ein Stück zur Seite und späht in den Saal. Er legt seine Hand auf meinen Kopf und dreht ihn in die richtige Richtung. Seine Hand liegt warm und weich auf meinen Haaren. Ein bisschen fühlt es sich an, als würde ich gesegnet.

Seine Verwandten sitzen ganz vorn. Seine Tante winkt. Sie ist jung und zierlich. Sein Onkel ist riesig groß. Die armen Leute hinter ihm werden nichts sehen, falls er nicht ein wenig tiefer rutscht. Er hat den Arm um seine Frau gelegt.

Ein paar Plätze weiter sehe ich Derksen mit dem Rest des Elternbeirats. Ich mache den Vorhang wieder zu. Es ist Zeit, anzufangen.

Ich habe nicht mehr üben können, weil ich nicht auf den Dachboden gehen konnte. Aber in den letzten Tagen vor der Aufführung haben wir jeden Nachmittag in der Schule geprobt und Hakim hat mich hinterher nach Hause gebracht.

»Kommst du mal schnell mit rauf?«, habe ich ihn dann gefragt und flitzte an der Tür im ersten Stock vorbei, als wäre sie aus glühendem Stahl.

Morgens nahm ich die Feuertreppe. Und dann war auf einmal der Frühling da, viel zu früh für die Jahreszeit. Ich konnte meine Hausaufgaben bei offenem Fenster machen und den Vögeln lauschen, da fühlte ich mich nicht mehr so eingeschlossen und allein.

Ich habe mein neues schwarzes Kleid vorsichtshalber gründlich gewaschen. Nach Weihnachten wollte ich es zuerst wegwerfen, aber dann habe ich es mir glücklicherweise anders überlegt. Silvester hat anerkennend den Daumen gehoben, als er mich in vollem Ornat hereinkommen sah, und Hakim hat eine Verbeugung vor mir gemacht.

Die Ratten treten auf. Aber was macht No Sweat? Er hievt sich mit einiger Mühe oben auf den Bock. Es wird gelacht. Dickwanst Trommelbauch, das Musical. Aber als er den Mund aufmacht und das Unheil verkündende Eröffnungslied singt, haben alle das Lachen schnell vergessen.

Die Ratten tanzen. Love Gerritsen sieht süß aus. Sie trägt, wie die anderen Mädchen, ein silbergraues Rattenkostüm. Die Weibchen laufen anders als die Männchen, das hat ihnen Silvester beigebracht. »Jede Ratte ist anders als die andere«, sagt er.

No Sweat ist von dem hohen Bock heruntergeklettert und läuft hinter Love her. Er füttert sie mit Käsestückchen. Sie sehen rührend aus. Pepsi ist eifersüchtig und beißt No Sweat in den Schwanz. No Sweat jagt Pepsi die Sprossenwand hoch und dann belästigt er das Publikum. Er greift nach Handtaschen und Schals und pflückt unsichtbare Häppchen aus der Luft.

Das Publikum lacht immer lauter, und wir müssen uns anstrengen, das Lachen zu überstimmen.

Ich kann niemanden erkennen, denn wenn ich in den Saal schaue, blendet mich das Flutlicht. Doch auch blind erkenne ich das laute, äußerst höfliche Lachen, das aus der vordersten Reihe dringt. Derksen.

Silvester tritt auf und im Saal wird es still. Er hat keine Maske und kein Kostüm nötig, man sieht eine alte, königliche Ratte über die Bühne tanzen.

Als die schrille Flöte Hakims ertönt, verschwinden die Ratten. Ich spiele etwas schneller und das Orchester folgt mir. Aus den Augenwinkeln sehe ich die schnellen Bewegungen von Marie-Louises Bogen.

Die Bürger von Hameln kommen auf die Bühne geschritten. Ich achte nicht mehr auf das Publikum, das Spielen geht wie von selbst. Als Iwans Flötensolo erklingt und Hakim in seinem Spielmannsanzug über die Bühne flattert, wische ich mir die Hände trocken und atme auf. Hakim hat eine einfache Melodie zu spielen gelernt, die er zu Iwans Musik mitbläst. Es klingt gut.

Die Ratten treten auf und folgen Hakim. Jetzt ist mein Pawlow-Lied dran. Ich habe es fertig gemacht und bei der Probe vorgesungen.

»Wir werden gelockt,
wir werden verlacht,
wir werden geneckt
und gefügig gemacht.

Das ist keine Liebe,
das ist ein Reflex,
this isn't love … it's Pawlow.«

»Aber das ist doch nicht logisch, dass die Ratten das selbst singen«, sagte Madelon. »Wenn sie kapieren, dass sie in die Falle gelockt werden, warum gehen sie dann mit?«

Ich war verblüfft über so viel Dummheit, und das bei einer Gymnasiastin, aber Silvester lachte und sagte: »There's Pawlow for you, baby. Du weißt, dass du übers Ohr gehauen wirst, aber du tappst rein.«

Was tut No Sweat da? Er versucht, auf den Barren zu klettern, der Unglücksrabe. Das ist keine komische Nummer, kleine Ratte, das ist mein Lied. Gleich fangen sie wieder an zu lachen. Es tut mir Leid, dass ich es für ihn geschrieben habe.

Ich habe Unrecht. Sobald er auf dem Barren sitzt, ist er nur noch eine große, dicke Ratte in Todesnot. Er muss dem Rattenfänger folgen, aber er klammert sich an seinem Ast oder an seinem Abwasserrohr fest.

Ich hätte keinen besseren Interpreten für mein Werk finden können. Schade, dass er es selbst nicht weiß. Sogar von hier kann ich die Schweißtropfen über seine dicken blassen Wangen rollen sehen. Er schluckt ein paar Mal und macht den Mund auf und zu. Dann wirft er mir einen verzweifelten Blick zu.

Ich weiß nicht, ob seine Not echt ist oder ob er sie nur spielt. Ich nicke ihm ermutigend zu und dehne die einleitenden Akkorde, bis er so weit ist.

»Wir werden gelockt ...« Seine reine, hohe Stimme klingt flehend. Ich hoffe für ihn, dass er nie einen Stimmbruch bekommt.

»Aiaiaiaia«, heult der Rattenchor hinter ihm.

Ich streichle ein bisschen über die Tasten, gerade laut genug, um No Sweat zu unterstützen. Seine Stimme schallt durch die Aula oder den Turnsaal, aber was spielt das schon für eine Rolle. Bei den letzten Tönen lässt er sich auf den Boden rutschen. Er bekommt Szenenapplaus und versucht, eine tiefe Verbeugung zu machen, aber sein Bauch ist ihm im Weg.

Bevor ich es richtig mitbekomme, sind wir beim Finale. Hakim hat ein silbernes Kostüm mit glitzernden Pailletten angezogen. Die Musik ist wild und monoton, und Silvester schlägt wie ein Rasender um sich, auf alles, was er erreichen kann.

Ich achte auf ihn, um seinen Rhythmus aufzunehmen, und merke gar nicht, dass ich in Trance gerate. Ich höre noch, dass ich spiele und dass es gut klingt, aber meine Hände sind schneller als mein Gehirn, und mein Fuß tritt auf die Pedale, als würde ich die Tour de France fahren.

Iwan hebt den Daumen hoch und ab und zu schaut Silvester zu mir her und lacht, also wird wohl alles, was ich tue, in Ordnung sein. Nicht dass es mir viel ausmacht, ob es in Ordnung ist. Und ob es *unterschwänglich* ist. Das ist es nicht. Es ist so überschwänglich, wie es nur sein kann, und das ist mir gerade recht.

Die Kinder von Hameln drängen sich um ihr Idol, ihren

silbernen Helden. Marie-Louise tanzt mit ihrer Geige in der Hand im Kreis herum, ohne einen Ton ausfallen zu lassen.

Derk Jan überspringt zweimal einen Takt, obwohl er überhaupt nicht tanzt, sondern ruhig auf seinem Stuhl sitzt, die Augen auf Marie-Louise gerichtet.

Und dann kommt die Musik, die ich geschrieben habe. Die bitteren Töne, der Kummer um die verlorenen Eltern, das aussichtslose Leben der Kinder beim Rattenfänger.

Ich spiele alles von mir ab, Mark, Tim, Ma und ihre sieben Zwerge, die wirre Suppe unter meiner Schädeldecke. Ich bin nicht verrückt. Ich bin überhaupt nicht verrückt. Das ist mein Körper, ich fühle ihn vom Kopf bis zu den Zehen, er schwitzt und swingt und genießt, und das ist mein Kopf und er denkt mit meinem Körper mit, und da sind Iwan und Silvester und Marie-Louise und Hakim und ich lache ihnen mit meinem Herzen zu, das bin ich, ganz und gar aus einem Stück, und so soll ich auch sein.

Als der Applaus und das Stampfen und die Da-capo-Rufe anfangen, schwimme ich fast mit meinem Klavier und allem weg, auf einer Welle von Schweiß und Tränen, aber Silvester und Hakim heben mich auf ihre Schultern und retten mich vor dem Tod durch Ertrinken.

Sobald sie mich wieder absetzen, fängt Wanja an, um mich herumzuhüpfen. Ich hebe ihn hoch und er leckt mein Gesicht, aber das macht mir nichts aus.

No Sweat kommt zu mir und gibt mir eine glitschige Hand. Iwan bekommt einen dicken Kuss auf sein hässliches Gesicht.

Die Schüler im Saal sind aufgesprungen. Sie überschreien die Dankesworte des Vorsitzenden Derksen, der ein bisschen sauer die jubelnden Eltern betrachtet.

Silvester springt nach unten und rennt zu seinem Onkel und seiner Tante, gefolgt von Hakim. »Lori!«, schreien die beiden gleichzeitig.

Ich springe auch hinunter und renne ihnen hinterher. Silvester stellt uns vor. Wir lachen und schreien und schlagen uns auf die Schultern, und dann sehe ich ein paar Meter weiter hinten ein blasses, schmerzlich verzogenes Gesicht und hohle Augen, die mich unbeweglich anstarren. Mein Herz steht still.

Mark.

Silvesters Tante hat kleine, krause Zöpfchen, die sie oben auf dem Kopf festgesteckt hat. Ein paar Perlen sind hineingeflochten. Die Frisur sieht aus, als hätte sie tagelang daran gearbeitet. Solange ich sie anstarre, brauche ich nicht nachzudenken.

Reden ist nicht nötig, denn alle schreien durcheinander. Eltern machen mir Komplimente, die Mädchen vom Orchester geben allen Spielern einen Kuss, mich inbegriffen, und Iwan gratuliert uns allen.

»Vergiss deine Musik nicht«, sagt er und schiebt mir etwas in die Hand. Er hat meine Partitur sorgfältig in einen Umschlag der Schule gesteckt. Bestimmt vergesse ich meine Musik nie mehr, und ihn auch nicht. Aber ich bekomme kein Wort heraus.

Solange ich hier stehen bleibe, bin ich sicher. Silvesters Tante wird ein bisschen unsicher unter meinem starrenden Blick. Sie greift nach ihrem Kopf, als hätte sie Angst, etwas wäre aufgegangen.

Hakim spricht mich an, aber ich verstehe ihn nicht. Ich wische meine verschwitzten Hände an meinem Kleid ab.

Da ist Marie-Louise. Sie ist von ihrer Wolke heruntergestiegen und hat Derk Jan seinem Vater übergeben. Plötzlich fängt mein Gehirn wieder an zu funktionieren. Ich muss dafür sorgen, dass ich heute Abend nicht nach Hause zu gehen brauche. Ich nehme sie am Arm.

»Was ist mit dir?«, fragt sie. »Du bist ganz weiß.«

»Ich habe meinen Schlüssel vergessen«, sage ich. »Und meine Mutter ist nicht daheim. Was soll ich tun?«

»Bei mir übernachten«, sagt sie. Sie geht sofort zu ihrer Mutter, die sich etwas weiter mit einem Lehrer unterhält.

»Mir ist schwindlig«, sage ich zu Hakim. »Leg bitte den Arm um mich. Ich tu dir wirklich nichts.«

Ich drücke mich dicht an ihn, schwanke der Form halber ein bisschen hin und her und sehe, ohne hinzuschauen, dass Mark sich umdreht und weggeht.

Ich laufe zur Garderobe. Ich rolle die Partitur auf und stecke sie in die Jackentasche. Dann nehme ich Madelons Handy.

Ma nimmt ab, das ist schon ein Wunder an sich. Ich erzähle ihr, dass ich bei Marie-Louise schlafe und dass sie den Riegel an der Wohnungstür zumachen kann.

»Am Küchenfenster auch«, sagt sie. Sie hat also gemerkt, dass ich die Feuertreppe benutze.

Jemand kommt. Ich verabschiede mich schnell von Ma und lege das Telefon zurück.

»Ist dir noch schwindlig?«, fragt Marie-Louise. »Hakim hat mir gesagt, dass du hier bist.«

»Ich habe angerufen«, sage ich, »und abgemacht, dass ich bei dir bin.«

Eigentlich bin ich zu müde für so viele Lügen. Aber wenigstens ist es mir gelungen, Mark zu vertreiben. Jetzt kann ich mich mit den anderen amüsieren, wie alle.

Marie-Louise wohnt etwas weiter von der Schule entfernt als ich. Wir kommen durch unser Viertel. Ich schaue mich unruhig um, bereit wegzulaufen, aber wir erreichen sicher ihr Haus.

Ihre Mutter kam vor uns zurück, sie bügelt trotz der späten Stunde noch ein langes, schwarzes Tuch. Sie begrüßt mich freundlich. »Ich muss noch meinen Talar bügeln, morgen habe ich eine Verteidigung. Setz dich doch irgendwohin.«

Irgendwohin? Ich versuche zu überlegen, wo sie mich hinhaben möchte. Ich bin nicht daran gewöhnt, Besuche zu machen.

»Wo soll ich sitzen?«, frage ich Marie-Louise.

Sie zieht hinter dem Rücken ihrer Mutter ein Gesicht. »Wir gehen sofort nach oben.«

Wie gibt man einer bügelnden Frau die Hand? Ich verlasse hinter Marie-Louise das Zimmer und nicke, als ich an ihrer Mutter vorbeigehe.

Sie wünscht mir ganz einfach gute Nacht. Vielleicht habe ich gar nichts falsch gemacht.

»Sie geht nie ins Bett, bevor ich zu Hause bin«, sagt Marie-Louise auf der Treppe. Ihre Stimme klingt schläfrig. »Das ist lästig.«

Sehr lästig.

Wunder über Wunder – ich schlafe wie ein Engelchen. Ich werde erst wach, als Marie-Louise an die Tür klopft.

»Herein«, rufe ich. Sie bleibt auf der Schwelle stehen. Ich deute auf einen Stuhl.

»Meine Mutter ist schon in ihrer Kanzlei«, sagt sie. »Und mein kleiner Bruder hat heute noch Schule. Wir haben das Reich für uns allein.« Sie wirft einen Blick auf den Umschlag, der auf dem Stuhl liegt, oben auf meinen Kleidern.

»Das Musikstück«, sage ich. »Iwan dachte wohl, ich könnte es vergessen.«

»No Sweat ist auch mit so einem Umschlag rumgelaufen«, sagt sie ein bisschen böse. »Und Silvester. An mich hat er nicht gedacht, das Ding liegt also noch irgendwo rum.« Doch ihr Gesicht klärt sich schnell auf. »Es ist so schönes Wetter«, sagt sie. »Ich darf alleine campen, wenn jemand mitkommt.«

»Das nennst du alleine campen?«

»Ohne meine Mutter und meinen Bruder, meine ich.«

»Wo campen?«, frage ich. Plötzlich bin ich hellwach. Frühlingsferien und Mark, der auf der Lauer liegt. Ich kann unser Haus weder betreten noch verlassen.

»Zuidzande«, sagt Marie-Louise. »In Zeeuws-Vlaanderen.

Wir fahren jedes Jahr dahin, solange ich mich erinnern kann. Ich darf ohne meine Mutter, aber nur auf den Campingplatz Ant'r Land.«

»Nimmst du Derk Jan mit?«

Sie schaut zu Boden. »Ich habe gedacht, dass du vielleicht …«

»Ja«, sage ich.

»Ja?« Sie schaut überrascht hoch. »Erlaubt es deine Mutter?«

Ein Satz ohne Bedeutung. Ich sage einfach Ja.

»Wir könnten die Fahrräder mitnehmen.«

»Ich habe kein Zelt.«

»Wir haben zwei. Die werden wir auch brauchen, denn ich schnarche schrecklich, sagt mein kleiner Bruder. Und wir leihen uns Decken von Ant, denn nachts ist es noch kalt.«

Sie steht vom Stuhl auf. Sie ist dunkelrot im Gesicht und auf den Armen. Aber ihre Augen leuchten.

Ich fühle, wie der Klumpen in meiner Brust langsam anfängt zu schmelzen. Ich werde Mark den Brief schicken. Einen deutlichen Brief. Freundlich, aber entschieden. »Ich bin zu jung. Du bist sehr nett, aber ich halte das noch nicht aus.« Irgendwie so. »Und danke für deine Fürsorge.«

Er darf vor allem nicht böse werden. »Lass uns Freunde bleiben«, das ist auch sehr gut. Und wenn er dann auf mich einreden will, bin ich schon weg. Dann bin ich in Zeeuws-Vlaanderen, mit Marie-Louise. Am liebsten würde ich sofort losfahren.

Marie-Louise holt Frühstück. In diesem Gästezimmer muss man sich willkommen fühlen. Über dem Bett hängt ein Regalbrett mit Büchern für den schlaflosen Gast und auf dem Waschtisch liegt eine neue Zahnbürste mit einer Tube Zahnpasta. Ich fühle mich wie ein Gast in einem Luxushotel.

Ich bin froh, dass ich kurz allein bin. Ich hole tief Luft, balle die Hände zu Fäusten und spreche mit mir. Nur noch kurze Zeit stark sein, Lori, Zähne zusammenbeißen, dann ist alles vorbei.

»Ich will im Meer schwimmen«, sage ich, als Marie-Louise mit dem Frühstück zurückkommt.

»Bist du verrückt? Im März? Es ist eiskalt.«

»Wenn man sich erst mal traut, ist es bestimmt herrlich.«

Marie-Louise erschauert.

Es wird schwer sein, an meine Sachen zu kommen, und eine Woche campen in einem langen, schwarzen Kleid erscheint mir sehr unpraktisch. Ich muss Marie-Louise ins Vertrauen ziehen, ein bisschen wenigstens.

»Weißt du noch, mein Nachbar?«, frage ich.

»Er war gestern Abend auch da«, sagt sie. »Warum ist er gekommen?« Sie schaut mich mit offenem Mund an und wird wieder rot. »Belästigt er dich?«

Ich nicke. Mehr braucht sie nicht zu wissen. Ich werde mich den Rest meines Lebens in aller Stille totschämen. Wenn jemals jemand etwas davon erfährt, werde ich mich für immer schmierig fühlen. Beschmutzt.

Marie-Louise fragt nicht weiter. Wir essen Croissants und trinken Tee und ich krümle mein Bett voll.

»Wir gehen zusammen zu dir nach Hause«, sagt Marie-Louise, »und holen deine Sachen. Mach dir eine Liste, was du mitnehmen willst, inzwischen rufe ich meine Mutter und den Campingplatz an.«

Sie bleibt eine ganze Weile weg und ich habe genug Zeit, um mir etwas auszudenken. Am liebsten würde ich Marie-Louise zu mir nach Hause schicken, aber was würde Ma davon halten? Wir müssen einfach hoffen, dass Mark mal zum Einkaufen geht.

Wir fahren zusammen zu mir. Eine ganze Weile sitzen wir in einem Hauseingang und warten, während ich über meinen Brief nachdenke und Marie-Louise träumt. Vermutlich von Derk Jan.

Ich erschrecke, als ich Mark aus der Tür kommen sehe. Sobald er nicht mehr zu sehen ist, renne ich hinauf, ziehe mich um und suche meine Sachen zusammen.

Ma hat ihr Handarbeitszeug herausgeholt und strickt wieder. Ich sage ihr zur Sicherheit, was ich vorhabe, und stecke einen Zettel mit der Campingadresse in den Flurspiegel.

Dann gehe ich zum Vorzimmer und schaue aus dem Fenster. Marie-Louise gibt mir ein Zeichen, dass alles sicher ist. Das bedeutet, dass der Nachbar noch nicht zurück ist. Ich kann seinen Namen nicht mehr aussprechen, ohne dass mir schlecht wird. Ich kann diese vier Buchstaben noch nicht mal denken. Besser ein ferner Nachbar als ein guter Freund, denke ich, als ich mit dem Rucksack die Treppe hinunterstürme.

Im Hauseingang auf der anderen Seite schreibe ich den Brief, aber die schönen Worte wollen nicht kommen. »Ich darf dich von meiner Mutter aus nicht mehr sehen« wurde es schließlich. Mir fiel nichts anderes ein.

Ich weiß, dass ich meinen Namen darunter setzen muss, aber es geht nicht. Ich will nicht, dass mein Name in seinem Briefkasten ist.

Marie-Louise geht mit dem Brief auf die andere Straßenseite, und gerade als sie ihn in den Schlitz steckt, kommt er um die Ecke.

Ich sehe, dass er sie erkennt und anfängt, schneller zu laufen, und ich weiß nicht, wie ich sie warnen soll. Sie schaut sich um und sieht ihn auch. Sie rennt nicht weg. Was macht sie denn? Es sieht aus, als würde sie klingeln.

Ich halte die Luft an. Plötzlich wird es schrecklich kalt im Hauseingang. Es ist verrückt, in dieser Jahreszeit zu campen. Ich kann genauso gut gleich die Straße überqueren und zu ihm gehen. Ich komme sowieso nie mehr von ihm los. Wenn ich aus Zuidzande zurückkomme, wird es wieder genauso sein wie bisher.

Er ist bei Marie-Louise angekommen und sagt etwas zu ihr. Sie deutet fragend nach oben. Dann winkt sie und läuft weg. Er geht ins Haus.

»Das war vielleicht ein Schreck«, sagt sie, als wir zum Bahnhof radeln. »Ich habe getan, als hätte ich gerade bei dir geklingelt. Sonst hätte er sofort gewusst, dass ich den Brief eingeworfen habe und dass du bei mir bist.«

»Aber er weiß doch gar nicht, wo du wohnst.«

»Er sieht aus, als würde er alles herausbekommen, wenn es um dich geht.«

Marie-Louise ist alles andere als zurückgeblieben. Sie versteht bestimmt mehr, als ich ihr erzähle. Aber sie stellt keine Fragen. Und je weiter wir uns von zu Hause entfernen, mit dem Zug, dem Schiff und das letzte Stück mit dem Fahrrad, umso besser fühle ich mich.

16

Das Land ist flach. Sehr flach. Und leer. Wenn ich mich um die eigene Achse drehe, kann ich ringsum den ganzen Horizont sehen, als säße ich mitten auf einer Apfelscheibe. Aber ich drehe mich lieber nicht um die eigene Achse, sonst falle ich vom Rad.

Über dem flachen Land ohne Hindernisse stürmt uns der Frühjahrswind entgegen. Er weht durch meine Kleider, bis sie vollkommen sauber sind, und er bläst mir all den Dreck vom Gesicht und den Händen. Danach fliegt er mir durch Mund, Ohren und Nase in den Körper und staubsaugt auch dort, bis ich einschließlich Herz und Nieren pieksauber bin.

Die Luft riecht nach Meer und nach Kerbel, der in großen, weißen Schirmen am Straßenrand steht. Ich habe fast alle Blumennamen vergessen, die Oma mir beigebracht hat, aber dieser weht mir mit dem Wind entgegen.

Marie-Louise hat kräftigere Beine als ich, deshalb fährt sie voraus und fängt den Wind für mich auf. Sie streckt eine Hand aus und steigt ab. Sie versucht, auf die Karte zu schauen, die in ihren Händen herumflattert.

»Wo sind wir?«, fragt sie.

»Mosterdweg, glaube ich. Gerade habe ich das Schild gesehen.«

»Mist. Wir müssen zum Krabbedeich, und dann zum Mähdeich ...«

»Willst du damit sagen, dass wir uns verfahren haben?«

»Na ja, ein bisschen. Schlimm?«

Müsste ich mein Rad nicht festhalten, würde ich einen Freudentanz machen. »Schlimm? Es ist wunderbar!«

Kopfschüttelnd schaut sie mich an.

»Ich habe geglaubt, du wüsstest den Weg. Und dass ich einfach nur hinter dir herzufahren brauche ...« Ich rede Unsinn.

»Hast du gedacht, dass es so langweilig wäre? Als ob man mit der Mutter durch den Park geht?« Sie wird rot. »Ich meine ...«

»Ja«, sage ich. »Aber das hier ist das abenteuerliche Leben.«

»Spannung und Sensation.« Sie steckt die Karte wieder in ihre Fahrradtasche.

»Ich hoffe nur, dass wir den Frühjahrsmarkt noch vor Ostern erreichen.«

»Mach dir keine Sorgen«, sagt sie. »Wenn wir nur rechtzeitig zum Weihnachtsmarkt von Ijzendijke ankommen. Hier sagen sie Iezendieke. Der Weihnachtsmarkt von Iezendieke ...«

»... ist affengeil und superschnieke«, ergänze ich.

»Wir könnten eine Zeeuws-Vlaanderische Rapgruppe aufstellen. Schade, dass ich meine Geige nicht mithabe.«

»Ich habe mein Klavier auch vergessen.«

Plötzlich beugt sie sich vor, als hätte sie ein besonders heftiger Windstoß erwischt. Hilflos hängt sie über dem Lenker und macht glucksende Geräusche.

Ich lehne mein Rad an einen Baum, um ihr zu helfen, egal welches Problem sie hat. Sie schaut hoch und ich sehe, dass ihr Tränen über die Wangen laufen. Sie lässt ihr Fahrrad fallen und hält sich glucksend an mir fest.

»Stell dir vor, dass du dein Klavier auch noch heimlich aus dem Haus hättest tragen müssen«, sagt sie und heult vor Lachen.

»Während du Schmiere gestanden hättest!« Ich fange auch an zu lachen, wir halten uns gegenseitig fest und kriegen uns nicht mehr ein. Mein Rad liegt mitten auf dem Weg.

Die kahlen, schwarzen Äcker erstrecken sich bis zum Horizont. Wir steigen wieder auf und strampeln uns weiter vorwärts. Es ist rau und windig, aber das ist unser Paradies. Ich bin entkommen.

Der Turm von Ijzendijke taucht vor uns auf.

Wir laufen schon eine Weile auf dem Frühjahrsmarkt herum. Wir haben unser Glück beim Hühnerschlagen versucht, beim Ballwerfen und anderen Bauernspielen. Gewonnen haben wir nichts.

Und dann macht Marie-Louise ihren Fund. Es ist ein großes, schwarzes Monstrum. Es liegt an einem Verkaufsstand zwischen alten, gestärkten Mützen, Ohrgehängen und Ketten aus schwarzem Bernstein und Blutkorallen.

Marie-Louise stürzt sich darauf, als ginge der Traum ihres Lebens in Erfüllung. Sie schaut auf das Preisschild, das an dem Ding hängt, packt es an zwei langen, gusseisernen Stielen und hebt es mit beiden Händen hoch. Sie strahlt.

»Was ist das, ein Toast-Eisen?«, frage ich.

»Das ist für Zuckerwaffeln«, sagt die Frau hinter der Theke. Sie ist in Tracht und ihr Gesicht ist so dunkelrot wie das von Marie-Louise, mit vielen gesprungenen Äderchen auf ihren Wangen. Bestimmt arbeitet sie sommers wie winters auf dem Acker.

»Meine Mutter will schon seit Jahren so ein Ding«, sagt Marie-Louise. Ihre Arme zittern vom Hochheben, widerwillig legt sie das antike Waffeleisen hin.

»Hast du ein Rezept für die Waffeln?«, fragt die Frau. Sie setzt sich hin und schreibt es auf ein Stück Packpapier. Dann gibt sie jeder von uns eine Waffel aus der Büchse.

Marie-Louise bezahlt das Monstrum.

Wir müssen zurück, bevor es dunkel wird, sonst verfahren wir uns auf den verwinkelten Deichen. Im Supermarkt an der Mühle kaufen wir Brot, Milch, Naschzeug und Salat. Wir stopfen alles in Marie-Louises Fahrradtaschen und fahren mit Rückenwind nach Ant'r Land zurück.

So früh im Jahr gibt es keine anderen Camper. Nur auf einem abgelegenen Feld etwas weiter oben steht noch ein kleines Zelt, vermutlich ein Radfahrer auf der Durchreise.

Wir zelten dicht neben dem Bauernhof, das hat Ant so gewollt. Es sei zwar sicher genug, hat sie gesagt, aber die Vorstellung, unsere Zelte wären weit weg, gefalle ihr trotzdem nicht. Und wenn es uns zu kalt würde, könnten wir einfach in der Scheune schlafen, im Heu.

Letzte Nacht habe ich nicht gefroren, aber vielleicht habe ich es auch bloß nicht gemerkt, weil ich zu müde war.

Beim Licht der Gaslampe essen wir ein Bauernomelett mit Brot und Salat, dann sind wir so erschöpft, dass wir beide in unser Zelt kriechen.

Es regnet. Ich habe schon ein paar Mal mit Tim gezeltet, aber das war in warmen, trockenen Ländern. Ich habe nicht gewusst, dass Regen auf einem Zelt so einen Lärm machen kann. Meinen Pullover habe ich draußen aufgehängt, weil er so feucht war von Schweiß. Jetzt wird er tropfnass.

Ich nehme meine Uhr. Es ist erst elf und ich habe schon geschlafen. Ich leuchte mit meiner Taschenlampe durch das Zelt, aber hier drinnen ist alles trocken.

Als der Regen kurz nachlässt, höre ich alle möglichen seltsamen Geräusche: Geraschel, Gescharre, Piepstöne und andere natürliche Töne. Bestimmt ist es ein Igel oder eine Feldmaus.

Marie-Louise ist mal von einem Maulwurf geweckt worden, der direkt unter ihrem Kopf aus der Erde krabbeln wollte. Es hat sich angefühlt, als würde einem jemand in den Nacken schlagen, hat sie gesagt, so eine Kraft hatten die Pfoten.

Ich überlege, dass es auch Ratten sein könnten, aber dann höre ich deutlich Schritte. Bestimmt muss Marie-Louise pinkeln. Sie hat Pech, denn jetzt fängt es wieder an zu regnen. Sie macht sich am Reißverschluss meines Vorzelts zu schaffen. Vielleicht hat sie ja ein Loch im Zelt und will bei mir schlafen? Sie hat mir das bessere und größere der beiden Zelte gegeben.

»Marie-Louise!«, rufe ich leise. Warum sagt sie nichts? Sie ist ans Campen gewöhnt, ich nicht.

Ritsch. Sie hat den Reißverschluss hochbekommen und schlägt die Zeltplanen auseinander. Ich richte die Lampe auf den Eingang, um ihr zu leuchten.

Es ist nicht Marie-Louise.

Ich will schreien, aber ich habe keine Stimme. Mit weit aufgerissenem Mund hole ich tief Luft. Aus meiner Kehle kommt ein heißerer Piepston, der vom Regen überstimmt wird.

Eigentlich weiß ich es schon, bevor ich ihn sehe, höre oder rieche und bevor mein Lichtstrahl ihm direkt in die Augen scheint und ihn blendet.

Es ist Mark.

Es nützt nichts, wenn ich ihn »Nachbar« nenne. Er ist Mark, und das drückt genau aus, was ich fühle. Ich kann nicht entkommen. Er wird mich überall finden.

»Lori«, sagt er. »Ich musste dich sehen.«

Mein Name in seinem Mund. Ich will nie mehr so heißen. »Geh weg«, versuche ich zu sagen. Es klingt wie »gg gg«.

Er hält eine Hand vor die Augen, um sie gegen das Licht abzuschirmen, mit der anderen stützt er sich auf den Boden, um hereinzukriechen.

Ich schiebe mich so weit wie möglich zurück, weiter geht es nicht mehr.

Marie-Louise hat ein Zelt mit zwei Reißverschlüssen, einer auf der Rückseite und einer vorn. Aber sie hat mir das bessere und größere gegeben.

Mark, mit einer Hand auf dem Boden, wendet den Kopf vom Licht weg. Das ist nicht nötig. Die Lampe leuchtet noch ein bisschen gelblich auf, dann erlischt sie.

»Marie-Louise!«, jammere ich. Es klingt wie das leise Muhen eines Kälbchens. Eines sehr kleinen Kälbchens. Ein unhörbarer Schrei.

Aber dann, plötzlich, kommt ein lauter Schrei. Nicht aus meinem Mund. Am Zelteingang stürzt etwas zusammen. Ein Dröhnen, noch ein Schrei und dann wird es hell. Es ist die himmlische Stimme von Marie-Louise. Sie klingt höllisch.

Die Zeltöffnung ist leer. Ich krieche hinüber und bleibe im Eingang sitzen.

Die Gaslampe hängt hoch und erleuchtet das ganze Feld. Mark kauert ein paar Schritte vom Zelt entfernt im nassen Gras. Rosafarbener Regen tropft aus seinen Haaren auf den Boden.

Marie-Louise schwenkt das Waffeleisen über ihrem Kopf herum.

Ich stecke den Kopf hinaus. Sofort lässt der Lärm des Regens nach. »Er blutet«, sage ich.

»Das will ich doch hoffen«, sagt sie eisig. Sie trieft ebenfalls.

»Lori, ich liebe dich«, sagt Mark.

»Halt's Maul«, sagt Marie-Louise.

Mark schaut Marie-Louise an und sein Blick hat nichts

Freundliches. Er würde sie am liebsten zusammenschlagen, glaube ich. Aber sie hat das Waffeleisen.

»Du musst dir ein Wörterbuch kaufen«, sagt Marie-Louise. Sie lässt langsam das Waffeleisen sinken. »Das heißt nicht ›lieben‹. Und kauf auch gleich ein Strafgesetzbuch.«

Ich weiß nicht, ob sie rot ist, denn nasse Strähnen hängen ihr vor dem Gesicht, aber sogar so, im nassen Nachthemd, das ihr am Körper klebt, sieht sie aus wie ein Standbild der Justitia mit dem Schwert der Gerechtigkeit in der Hand.

Mark richtet sich halb auf, doch sie tippt ihm mit dem Eisending auf den Kopf. Er stöhnt. Sie kann gut zielen und sie hat auf die Wunde gezielt.

»Unzucht mit Minderjährigen«, sagt Marie-Louise. »So heißt das.«

Ich weiche ein Stück zurück. Sie weiß es also.

Mark hat sich hingesetzt. »Es ist höchstens ein Antragsdelikt«, sagt er pedantisch.

Sie fangen eine juristische Debatte an. Ich wünschte, sie würden sie tagsüber weiterführen, in einem warmen Gerichtssaal. Mir ist nur noch kalt. Dass es ein Antragsdelikt ist, wird wohl stimmen. Ich weiß zwar nicht, was das ist, aber es klingt schmierig genug.

»Lori geht bestimmt nicht zur Polizei«, sagt Mark mit einer Stimme, die fast zufrieden klingt. »Sie findet es viel zu schön.«

Marie-Louise schaut zu mir herüber. Ich erstarre. Nun weiß sie das auch noch: Ich habe es schön gefunden. Am liebsten würde ich mich in der Wiese vergraben. Nun wird sie wieder in ihr Zelt gehen und mich allein mit ihm zurücklassen.

Ich muss um Hilfe schreien, den Camper in diesem abgelegenen Zelt wachschreien.

Was für ein Dummkopf bin ich doch. Das kleine Zelt da oben gehört natürlich Mark. Meine Zähne fangen an zu klappern.

Marie-Louise steht noch immer da, ich sehe jedenfalls ihre nackten Füße. Der Regen platscht auf meinen gesenkten Kopf.

»Natürlich fand sie es schön«, sagt Marie-Louise. »Rauchen ist auch schön, aber deshalb gebe ich meinem kleinen Bruder noch lange keine Zigaretten.«

Das hat sie schön gesagt. Bestimmt wird das noch was mit ihrer Karriere.

»Warum mischst du dich eigentlich ein, du kleines Miststück?«

Mein Kopf schnellt hoch. Mark hat sich hingestellt und Marie-Louise macht einen Schritt zurück. Ich sehe, dass sie Angst hat. Ich versuche ebenfalls aufzustehen, aber ich bin ganz schlaff.

Marie-Louise weicht weiter zurück, doch sie gibt nicht auf. »Wart's nur ab, bis ihr Vater davon erfährt«, schreit sie. »Wenn du jetzt nicht abhaust, rufe ich die Polizei.«

»Lori?«

Diese leise, flehende Stimme. Ich wende den Kopf.

Mark steht ganz still. Marie-Louise auch. Und ich kann mich nicht von der Stelle rühren. Wir könnten glatt bei Madame Tussaud stehen.

»Marie-Louise!« Eine Donnerstimme brüllt über den Regen hinweg. Da steht Ant unter einem großen Regenschirm. »Ich habe dich im Haus schreien gehört. Wir sind hier nicht auf einem Campingplatz am Strand!«

Sie schaut von Mark zu Marie-Louise und dann zu mir. »Hier gibt es keinen Alkohol, keine Drogen und keine Partys«, sagt sie streng. »Ist dieser junge Mann da ein Freund von euch?«

»Er belästigt uns schon den ganzen Abend«, sagt Marie-Louise.

Endlich gelingt es mir, mich zu erheben.

»Weg von meinem Grund und Boden«, sagt Ant. »Auf der Stelle!«

»Aber ...«

»Weg! Ich schicke dir das Zelt mit der Spedition nach.«

»Aber ...«, stottert Mark.

»Im Dorf ist ein Hotel.«

Er schaut mich an. Ich schlage die Augen nieder.

»Bettwäsche schnappen und in die Scheune«, sagt Ant zu uns beiden, als er weg ist. Sie nimmt Marie-Louise das Waffeleisen aus den zitternden Händen. »Marie-Louise«, sagt sie, »wenn du Zuckerwaffeln backen willst, brauchst du ein Feuer!«

Meiner Meinung nach hat Marie-Louise genug Feuer.

Als wir aufwachen, ist es schon nach zehn. Das Heu riecht wunderbar. Ich bin erschöpft, aber ich fühle mich wohl. Es ist mir egal, ob Mark weg ist, wenn ich nach Hause komme.

»Sie findet es viel zu schön«, hat er gesagt. Er hat mich verraten. Er liebt mich nicht wirklich. Ich bin frei.

Marie-Louise richtet sich auf und schaut mich ein bisschen unsicher an. »Habe ich geschnarcht?«

Ich schüttle den Kopf. »Und du wirst bestimmt eine gute Anwältin.«

Sie wird rot.

Wir sprechen nicht weiter darüber. Wir radeln über die Deiche, kaufen in belgischen Läden ein und gehen sogar einmal ins Meer. Bis zu den Knien. Denn Marie-Louise hat Recht, es ist noch zu früh im Jahr.

Am letzten Tag haben wir wirklich schönes Wetter. Wir treiben uns auf dem Bauernhof herum, liegen in der Sonne und Marie-Louise macht einen Kopfstand vor Vergnügen.

»Wo hast du diese Kunststücke bloß gelernt?«, frage ich neidisch, als ich zum soundsovielten Mal auf den Rücken gefallen bin.

»Einfach üben. Immer, wenn ich mich langweile und mein Bruder die Fernbedienung in der Hand hat.«

»Und das ungefähr zehn Jahre, vermutlich.«

Sie nickt. »Wir sollten wirklich eine Band gründen.«

»Ohne mich«, sage ich. »Aber wenn du tanzend Geige spielst, kriegst du jeden Saal platt. Frag doch Hakim und Silvester.«

»Hakim kann keine einzige Note spielen.«

»Dann richte dich doch an das Segment der Jugend, das auf äußerliche Schönheit hereinfällt«, sage ich mit der Stimme von Papa Derksen.

»Dazu müsste ich mir ja eine Maske aufsetzen.«

»In diesem Fall mache ich mit.«

Wir feiern den Entschluss mit zwei Eisbechern im Dorfcafé.

Auf der Rückfahrt im Zug bin ich doch ein bisschen nervös, aber das bin ich immer, wenn ich mal eine Weile von zu Hause weg war.

»Ich begleite dich«, sagt Marie-Louise.

»Du brauchst dir um mich keine Sorgen zu machen«, sage ich gereizt.

Sie bricht in lautes Lachen aus. »Sorgen, um dich?«

»Habe ich etwas Komisches gesagt?«

Sie starrt auf den Fußboden des Abteils. »Ich fand dich immer so mutig, als ich bei dir in der Klasse war. Du warst frech und hattest vor niemandem Angst. Ich war ein Feigling.«

»Ach ja!«

»Und du hast mich nie ausgelacht.«

»Warum hätte ich das tun sollen?«

»Alle haben es getan.«

Also war es kein Mitleid. Ich bin ihr großes Vorbild. Wenn das nicht zum Lachen ist, dann ist es zum Heulen.

17

Da stehe ich also, ein Vorbild an Tapferkeit, vor unserer Haustür. Ich hole tief Luft und werfe einen Blick auf die Namensschilder an der Klingel. Wir haben ein schönes, glänzendes neues Schild. Das neben Marks Klingel ist leer.

Langsam atme ich aus. Er ist umgezogen, denke ich dankbar. Er hat keine Angst vor Tim oder der Polizei oder vor wem auch immer. Er hat es für mich getan.

Ich klingle, um Ma vorzubereiten. Dann gehe ich mit dem Schlüssel hinein und mache den Briefkasten auf, wie ich es immer tue, wenn ich ein paar Tage nicht zu Hause war. Wenn der Briefkasten voll ist, war sie nicht unten und ich muss mir Sorgen machen.

Nur ein längliches Päckchen liegt darin und ich seufze vor Erleichterung. Als ich den Absender sehe, seufze ich wieder. Tim.

Ich setze mich samt Rucksack auf die Treppe und reiße das Papier auf. Tims Brief ist um ein Etui gerollt, in dem ein silberner Füller steckt, mit einer Schachtel voller Patronen.

Der Brief beginnt seltsam. *Liebe Lori*, schreibt Tim, *ich muss dich wirklich um Verzeihung bitten. Dieses Geschenk soll es wieder ein bisschen gutmachen.*

Ich werfe einen Blick auf das letzte Blatt, ob der Brief

wirklich von ihm ist. Da ist seine unverwechselbare Unterschrift und ich lese weiter.

Es lag an Ulla. Sie hatten einen Kurzurlaub in Aruba gebucht und am ersten Tag hatten sie einen Riesenstreit bekommen.

Diesmal werde ich dir nichts über die Insel schreiben. Nicht weil du sie dir selbst einmal anschauen sollst, obwohl du das wirklich mal tun solltest, sondern weil ich nichts davon gesehen habe. Wir haben drei Tage am Stück gestritten und haben nur abends unsere Zimmer verlassen, um im Hotelrestaurant was zu essen. Und wenn du »unsere Zimmer« liest, brauchst du nicht zu denken, ich hätte mich verschrieben, denn Ulla hat ihr Zeug gepackt und sich ein eigenes Zimmer genommen.

Ich überlege, dass er mit mir als Reisebegleitung besser dran gewesen wäre, aber da habe ich mich getäuscht.

Zum Glück haben wir uns wieder versöhnt. Aber nun geht es um dich. Um dich ist es übrigens die ganze Zeit gegangen. Es war falsch von mir, dass ich unsere Weihnachtsferien einfach abgesagt habe. Es ist unverzeihlich. Ich dachte, es wäre kein Problem, weil du so tüchtig und fröhlich bist und so gut zurechtzukommen schienst. Als Ulla dahinter kam, hat sie getobt. Sie hat auch gesagt, auf sie hättest du einen angespannten Eindruck gemacht, auch wenn sie dich nicht verstehen konnte, und dass du mich angesehen hättest wie ein kleiner Hund, der um Liebe bettelt.

Ulla meint es bestimmt gut. Trotzdem würde ich ihr echt mal die Meinung sagen. Ein kleiner Hund!

Lass es mich wieder gutmachen, an Ostern, dann komme ich

eine Woche hinüber und wir unternehmen etwas Schönes, nur du und ich.

Etwas Schönes. Ein kleines Mädchen unternimmt mit ihrem Papi etwas Schönes. Da wird er sich umschauen.

Fröhlich laufe ich die Treppe hinauf. Am ersten Stock renne ich vorbei, zur Sicherheit. Als ich unsere Wohnungstür aufmache, rieche ich einen vagen Geruch nach Farbe. Meine Möbel stehen alle im Flur. Das Herz sinkt mir in die Schuhe. Sie ist wieder aktiv.

Ich mache die Tür meines Zimmers auf und schaue hinein.

Erst halte ich die Luft an, dann fange ich an zu lachen. Zu guter Letzt hat sie ihr Versprechen gehalten. Ein neues Zimmer. Diesmal keine Farbenorgie oder billige Zierlaternen und Krimskrams vom Flohmarkt.

Die neue Tapete ist untadelig cremefarben. Die Holzflächen sind sorgfältig gelackt und schön grau. Der verschlissene Teppich ist durch eine schöne Kokosmatte ersetzt worden. Ich stelle meinen Rucksack darauf und laufe ins Wohnzimmer.

Sie sitzt am Esstisch, dem sie neue Beine verpasst hat. Sie sieht gut aus. Nur ihre Hände reiben unruhig über die Tischplatte.

Die sieben Zwerge stehen im Kreis um sie herum. Bestimmt ist ihnen warm geworden, sie haben ihre roten Mützen neben sich auf den Tisch gelegt.

Ich setze mich ihr gegenüber. Der Tisch ist ein bisschen wacklig.

»Ein schönes Zimmer«, sage ich.

Sie antwortet nicht.

Als ich weg war, hat sie aufgehört, ihre Tabletten zu nehmen. *Weil* ich weg war. Wenn ich nicht hier wohnen würde, könnte sie sie selbst sein. Was immer das auch bedeuten mag.

Langsam fängt sie an, die Deckel auf die Fläschchen zu drehen. Sie hat vorgehabt, das ganze Zeug wegzuwerfen, und dann bin ich gekommen und habe ihr das Fest verdorben.

Ich hole einen Suppentopf aus dem Schrank. Ich kippe die Fläschchen aus, eines nach dem anderen, und gehe mit dem Topf zur Toilette. Die Tabletten fallen klatschend in die Kloschüssel. Ich ziehe an der Wasserspülung.

Die Ratten in den Abwasserrohren werden seltsame Sachen machen.

Ich gehe in mein leeres Zimmer und stelle mich ans Fenster. Es regnet. Ich höre Ma hin und her laufen. In den Ferien mit Marie-Louise war es bequem. Aber jetzt sinkt mir das Herz in die Hose.

Von unten ist nichts zu hören. Mark ist wirklich weggezogen. Ich sehe sein blasses Gesicht mit den düsteren Augen vor mir. Ich frage mich, wo er jetzt wohl ist. Vermutlich bei seinen Eltern.

Ich werde ihm einen Brief schreiben. Er fühlt sich bestimmt weniger einsam, wenn er weiß, dass ich an ihn denke.

Marie-Louise wird wütend auf mich sein, aber sie hat leicht reden. Sie sitzt jetzt gemütlich mit ihrer Mutter und ihrem kleinen Bruder zu Hause. Mark war immer da, wenn ich ihn gebraucht habe.

Ich fische den Zettel mit seiner Adresse aus einer Schachtel im Flur und setze mich auf den Boden. Ich nehme Iwans festen Umschlag mit der Partitur darin und lege ihn unter das Briefpapier. Mit zitternden Fingern schiebe ich eine Patrone in den neuen Füller.

Hallo, Mark. Das wird ihm nicht gefallen. *Lieber Mark?* Der Füller zittert in meinen Händen. Das ist kein guter Plan.

Ich lege das Papier wieder zur Seite und mache den Umschlag auf. Vielleicht ist ja eine Karte von Iwan dabei, mit Glückwünschen. An diesem Strohhalm klammere ich mich fest.

Nur die Noten sind darin und eins von diesen Formularen, die dauernd ausgeteilt werden und die von den Eltern unterschrieben werden sollen. Es steht nicht viel drauf: *Mit Beginn des kommenden Schuljahres meldet sich für das Schulorchester an ...*

Iwan ist ein schlauer Fuchs. Er will das Orchester groß machen und er wird es groß machen. Er lässt uns nicht entkommen. Mich nicht und Silvester nicht. No Sweat nicht. Der Umschlag ist sogar frankiert.

Ich gehe mit dir, Spielmann. Ich werde dir folgen bis auf den Boden des tiefsten Sees und bis auf die Spitze des höchsten Berges. Aber sogar du kannst mich nicht retten. Ich bin zu groß geworden für Onkel und Väter und Helfer in der Not. Ich muss allein für mich sorgen.

Ich schraube die Kappe von Tims Füller und verbessere den krummen Satz. Die Feder schreibt dünn und flüssig und die Tinte ist himmelblau. Ich setze Mas Unterschrift unter das Blatt und trage meinen Namen ein. Nur den Vornamen. Das reicht für eine Topkünstlerin.

Hiermit melde ich mich für das Schulorchester an. Lori.

So, es ist passiert. Wäre alles Übrige nur auch so einfach. Ich schlage die Arme um die Knie und lege meinen Kopf darauf. Meine Augen brennen. Die Welt um mich herum ist leer und still. Nur aus dem Wohnzimmer dringen Geräusche. Jemand ist dort sehr beschäftigt, stampft, rückt Möbel, stößt gegen Dinge. Nicht sehr beruhigend.

Niemand kann dir beibringen, wie du leben sollst. Wie du es in Gottes Namen anfängst. Ich habe keine Ahnung. Ich kann nur eines tun. Nicht dass ich sehr gut darin bin, aber ich habe es wenigstens geübt. Und viel anderes bleibt mir nicht übrig.

Ich werde improvisieren müssen.

Laurie Halse Anderson
Sprich
Roman
Aus dem Amerikanischen von Birgitt Kollmann
Beltz & Gelberg Taschenbuch (78908), 280 Seiten *ab 14*

Es ist Melindas erstes High-School-Jahr; darauf hatte sie sich gefreut. Doch jetzt ist es wie ein böser Traum: Von ihrer Freundin wird sie geschnitten, die neuen Mitschüler reagieren abweisend. Melinda gilt als Zicke, seit sie auf jener Party die Polizei gerufen hat, aber nicht sagen wollte, warum. Sprechen kann und will sie darüber nicht. Es braucht ein Jahr, das ganze Schuljahr, bis Melinda ihre Sprache wiederfindet – und mit ihr die Kraft, sich zu wehren.

»Selbst unter der Vielzahl der guten Jugendbücher ein außergewöhnliches Werk.« *Süddeutsche Zeitung*

»Bis Melinda am Ende des Buches wieder spricht, kann man mit ihr zum Glück nicht nur leiden, sondern zuweilen auch herzlich lachen.« *Stuttgarter Nachrichten*

Mirjam Pressler
Bitterschokolade
Roman
Beltz & Gelberg Taschenbuch (78403), 160 Seiten *ab 13*
Oldenburger Jugendbuchpreis

Die 15-jährige Eva ist dick und fühlt sich deswegen einsam und ungeliebt. Ihren Kummer frisst sie in sich hinein. Was der Michel nur an ihr finden mag? Eva ist zum ersten Mal richtig verliebt und erlebt mit ihm ein paar schöne Wochen. Und ganz allmählich begreift sie, dass es nicht der Speck ist, der sie von den anderen trennt, und sie beginnt, sich selber zu akzeptieren.

»Liebesgeschichte, Schülerroman und gegenwartsnahe Milieuschilderung heutiger Jugendlicher in einem, lässt Bitterschokolade den Leser bis zur letzten Seite nicht zur Ruhe kommen.«
Aus dem Jury-Urteil zum Oldenburger Jugendbuchpreis